ウェブ解析スペシャリストが教える！

稼ぐサイトをつくる「7つの秘訣」

石本憲貴 著

セルバ出版

はじめに

　これからウェブサイトを活用してビジネスを始めようと思っている方へ、何から始めましょうか？

　インターネットを使ったビジネスと言っても、リアル商売と考え方自体は同じです。どんなお店を、どれくらいの規模で、どれくらいの売上を目指して開店しようか……。

　大事なことは「ネットの世界だから」と意識を持たないこと。

　インターネットの世界は顔が見えなくても、商品を購入するのは感情を持った人間です。ただ闇雲にサイトを運営していては成果が出ません。買いたくなる、何度も通いたくなるお店づくりが稼げるサイトに必要な要件です。

　筆者は大学生の頃から、アフィリエイト・ドロップシッピング・海外せどり・コンテンツ販売など様々なインターネットビジネスに取り組んできました。その中で、稼ぐサイトをつくるためには小手先のテクニックだけでは足りず、アクセス解析を通したサイト改善活動が重要であることを痛感しました。

　本書では、初期費用を極力抑えた稼げるサイトづくりの「コツ」のみならず、利益を上げるために「アクセス解析」を通した根拠に基づく改善手法をお伝えしています。

　紹介するツールはほぼすべて無料で使えるものばかりです。まずはインターネットの利点を活かして低資金で店づくりを行い、アクセス解析を行い、繁盛するお店へと展開していきましょう。

　本書を通して１人でも多くの方にアクセス解析の可能性を知っていただき、稼げるサイトをつくるお手伝いとなれば幸いです。

２０２１年１月

石本　憲貴

ウェブ解析スペシャリストが教える！
稼ぐサイトをつくる「7つの秘訣」 目次

はじめに

第5章　流入経路別にアクセスを増やす　「集客の秘訣」

第6章　検索エンジンで上位表示化を目指す「ＳＥＯの秘訣」

第7章　ユーザー目線で売上アップを実現「訴求効果改善の秘訣」

あとがき

第1章

稼ぐサイトをつくる事前準備
「環境設定の秘訣」

1　サイトの土台は何でつくる？

■ネット商売もまずはお店づくりから

　ウェブで収益を上げるためには、まずはインターネット上に自分のお店を持たなければ始まりません。ウェブ上にお店を持つということは「ウェブサイト」を持つということです。

　現実の世界で収益を上げるためには自分の店舗を持つ必要があることと同様に、ウェブ上に自分のお店＝ウェブサイトをつくりましょう。

　ウェブサイトのつくり方には様々な方法があります。

・無料ブログで作成
・WordPress で作成
・Wix や Jimdo などのサイト制作補助サービスで作成

　筆者は「WordPress」でのサイト構築をおすすめしております。

■ WordPress の利用メリット

　無料ブログの場合、ブログサービスからの広告が自動挿入され、自分のお店（ウェブサイト）の外観が損なわれてしまうリスクがあります。

　制作補助サービスの場合、無料で開始した場合は広告が表示されたり、ドメインを独自で指定できないなど、こちらも外観が損なわれてしまうリスクがあります。

　その点、WordPress はサイトのコンテンツに制限が少なく、広告も表示されません。WordPress は、完全オリジナルのサイトを構築でき、外観から信頼感の高いサイトを設置することができます。

■ WordPress の利用デメリット

　反面、デメリットも存在します。1つ目は維持費が発生すること
です。WordPress で運用していくには「レンタルサーバー」「独自
ドメイン」の2つが必要です。

　詳細は後述しますが、両方合わせて月間 1000 円〜程度のコスト
は発生します。

　2つ目は WordPress の運用は敷居が高く、初心者には難しいと
言われることです。しかし、近年は数ステップで簡単にインストー
ルできる仕組みをレンタルサーバー会社がつくっており、無料テン
プレートも豊富に存在しているため、理想としているウェブサイト
を構築することは以前と比較してさほど難しくなくなりました。

■稼げるお店は外観から

　以上から筆者は WordPress でのサイト構築を推奨しています。

　「稼げるお店は外観から」、せっかくご自分のお店をウェブ上に出
すのであれば、外観からキレイに見せたいものです。

【図表1　WordPress がオススメ】

○・・・有利 ×・・・不利	無料ブログ	WORDPRESS	制作補助 サービス
広告表示	× 表示される	○ 表示されない	△ プランにより一部表示
独自ドメイン利用	× ほぼ不可能	○ 可能	△ プランにより可能
カスタマイズ性	× ほぼ不可能	○ 可能	△ 一部可能
料金	○ 無料	× ドメイン料金 サーバー料金	△ 一部サービス利用料金

2　安価に取得できる「独自ドメイン」の紹介

■ WordPress で必要な独自ドメインとは

さて、WordPress でサイトを運用すると決めた場合は「独自ドメイン」と「レンタルサーバー」が必要です。

「独自ドメイン」は、インターネット上の住所のようなものです。「(https://) ××××.com」の部分を指します。

現実の世界でも商売を始めるには必ず店舗の住所は必要になります。この住所に値するものが「独自ドメイン」です。

■安価で管理画面の操作がしやすいドメイン

独自ドメインを取得するサービスは多々存在しますが、初めての場合は「お名前.com」から始めてみましょう。

「×××.com」のドメインが年額 1280 円で取得ができるため、1 か月あたり 100 円でインターネット上に住所を所有できるようになります。

お名前.com は初心者でも操作しやすい管理画面、電話サポートも受けつけており、これからインターネットで収益を上げていきたい方には非常に向いています。

■独自ドメインは取得すべきか

ドメインを維持するには上述のとおり、毎年 1280 円必要経費となりますが、ここは惜しまずに取得しましょう。

ウェブで収益を上げるためには「信用」が必要です。ドメインはURL としてユーザーに表示される部分であり、ドメイン部分が「無

料ブログ」か「独自ドメイン」かにより、信頼が大きく変わります。結果的に収益にも大きな影響が出てきます。

　「私はウェブの世界でちゃんと商売をしています」と表現するためにも、ぜひ独自ドメインを取得して運用することを心がけましょう。

3　簡単かつ高性能な「レンタルサーバー」の紹介

■ WordPress で必要なレンタルサーバーとは

　「レンタルサーバー」とは、現実の世界でいうと「店舗」のようなものです。

　商売をするためには店舗(場所)が必要になります。インターネットの世界でも同様です。「店舗」を用意し、そこに外観と内観を施していくことになります。

　レンタルサーバーは多様なサービスが存在しますが、これから始める方には「エックスサーバー」をおすすめします。年額1万2000円ほどで取得ができ、1か月あたり1000円でインターネット上に店舗を所有できます。※別途初期費用3000円程。

■サーバーが与える影響

　もっと安いレンタルサーバーはあるものの、エックスサーバーはWordPress との相性が非常によく、サイトの表示速度が早く、安定性も高いです。

　サイトの表示速度はユーザーをサイトから逃がすリスクのみならず、サイト掲載順位（SEO）の要因としても大きな影響があります。

　また、エックスサーバーには「WordPress 簡単インストール機能」が標準で備わっているため、はじめて WordPress を構築される方でも、つまずくことなく設置することが可能です。

　電話サポートも対応しており、わからない点を都度確認できることもメリットです。

4　高機能なサイトが構築できる「WordPress テーマ編」

■ WordPress のテーマとは

　テーマとは、サイトの機能やデザインを自分好みに簡単にカスタマイズできる機能です。人間で例えると洋服のようなものでしょう。

　テーマには無料テーマと有料テーマがありますが、近年では無料でも非常に高機能でデザイン力の高いテーマがリリースされています。つまり、お金をかけずに見た目も機能も高機能なサイトを簡単につくれるようになっています。

　「こんなサイトがつくりたい」というイメージに近いテーマを探していくことになります。「大きなスライダー画像が欲しい」「アニメーションが豊富な動きのあるサイトにしたい」のような理想に近いテーマを選ぶことで、管理画面上から直感的に変更でき、初心者でも高度なカスタマイズは不要になります。

　お金はかかりますが「有料テーマ」を購入するのも1つの手段です。有料テーマはデフォルトで様々な機能が実装されており、今後サイトを拡大化していく上で追加カスタマイズが不要となり、時間短縮につながることがメリットです。

テーマは星の数ほど存在しています。理想に近いテーマを探して実装してみましょう（図表2）。

【図表2　様々なテーマが存在】

■ WordPress おすすめテーマ
①ブログにもサイトにも使える！「Cocoon（コクーン）」（無料）
　SEO・高速化・モバイルフレンドリーに対応した高機能テーマ。初心者の方でも直感的に触ってきれいなサイトをつくることができます。
②ホームページ型に最適！「Lightning（ライトニング）」（無料）
　シンプル＆スタンダードで、複数ページで構成されるホームページ型サイトを簡単に作成できます。
③コーポレートサイトに最適！「Sydney」（無料）
　画面一面のワイドヘッダーと動きのあるダイナミックコンテンツが簡単に作成できるため、目を見張るサイトを構築することができます。

5　稼げるサイトを運用できる「WordPress プラグイン編」

■ WordPress のプラグインとは

　サイトを軽くしてユーザーストレスを軽減させる仕組みや、更新した情報を瞬時に Google に伝えてインデックスを高める仕組みのように、簡単にサイトの利便性を高めることができる「プラグイン」が WordPress にあります。

　無料から有料のものまでたくさんあり、無料プラグインでも高機能サイトを簡単に構築できるプラグインが管理画面上から簡単に追加できます。

　例えば、お問い合わせフォーム作成用の「Contact Form 7」プラグインは、インストールをして簡単な設定をするだけで、本来であれば作成が非常に煩雑なお問い合わせフォームをすぐに使うことができます。

　プラグインを利用することで簡単に理想的なサイトを構築することができる点が WordPress の大きなメリットです。

■入れておきたいおすすめプラグイン

① All in One SEO Pack（無料）

　これ1つで SEO 対策・SNS 対策ができる重要なツール。「メタタグの編集」「SNS タグの編集」「XML Sitemap の更新」などが管理画面上で簡単にできます。

② Compress JPEG & PNG images（無料）

　画像をアップロード時に、画像サイズを自動的に圧縮してくれる

プラグイン。画像が増えるほどサイトが重たくなり、ユーザースト
レス・離脱の原因になります。インストールしておけばサイトの軽
量化を実現できます。

③ TinyMCE Advanced（無料）

WordPress で記事を書く際のエディターに「文字サイズ」「装
飾」などが追加されるプラグイン。デフォルトでは文字の装飾は
「HTML」「CSS」の知識が必要になりますが、このプラグインを入
れておけば、Word 感覚で文字の装飾を施すことができます。

④ Contact Form 7

簡単にお問い合わせフォームを作成できるプラグイン。利用者も
多く、カスタマイズ方法の情報も豊富に存在しているため、お問い
合わせフォームを導入する際はぜひインストールしたいプラグイン
です。

⑤ BackWPup（無料）

WordPress のバックアップが簡単に取れるプラグイン。万一サ
イトが正常に表示されなくなった場合でも、バックアップで復元す
ることが可能です。スケジュール機能により定期的にバックアップ
も取れます。

⑥ SiteGuard（無料）

悪意のある攻撃からサイトを守ってくれるセキュリティプラグイ
ンです。管理画面のログインページの変更、コメント投稿時に画像
認証を実施、ログインアタック時のロックなど、不正な攻撃からサ
イトを安全に守ってくれます。

⑦ WebSub/PubSubHubbub（無料）

サイトの更新情報を Google へ通知してくれるプラグインです。
インストールして有効化するだけで更新を Google へ知らせてくれ
ます。素早く記事を検索結果に反映させるためにも、ぜひ入れてお

きたいプラグインです。

⑧ Elementor（エレメンター）（無料）

　ドラッグアンドドロップで直感的にページを制作できるページビルダープラグイン。従来までは WordPress のカスタマイズを行う場合は HTML、CSS の知識が必須でした。

　このプラグインを有効化することで、ブロックを配置する感覚で初心者でもページのカスタマイズが容易にできます。

【図表 3　様々なプラグインが存在】

6　コードを一元管理「Google タグマネージャー」

■ Google タグマネージャーとは

　タグを一元管理できる Google 公式のツールです。

　例えば「Google アナリティクスを導入してサイトの分析をしたい」「ヒートマップツールを導入してサイトの分析をしたい」のよ

うに考えていくと、そのツールを導入するには HTML コードの中に計測用タグを設置する必要があります。

　計測タグを実装するためには HTML の知識が必要になり、都度 HTML コードを触って実装しなければなりません。

　さらに、計測したいソリューションが増えて HTML コードに追加するほどサイトが重くなり、管理も煩雑になります。その煩わしさを解消するツールが Google タグマネージャーです（図表4）。

【図表4　Google タグマネージャー管理画面】

■ Google タグマネージャー導入のメリット
①計測コードは1つだけ

　発行される計測コードを1つ追加しておくだけです。追加したいツールがあれば、Google タグマネージャーの管理画面上で直感的に操作をし、簡単に他ツールを動かすことが可能です。

②サイトが重くなることを防止

　HTML の中に記載されている計測コードは Google タグマネー

ジャーの計測コードのみであり、複数の計測コードを実装すること
で「サイトが重くなる」ことが防げます。

③タグの一時停止・削除などの管理が容易

「このツールは今は使わない」という場合は、その計測コードだ
けを一時停止することもできます。計測を再開したくなった場合は
「再開」することも可能ですし、不要になった計測コードは削除す
ることも簡単にできます。

今後は必須になってくるソリューションのため、ぜひこの機会に
実装しておきましょう。

■ Google タグマネージャー導入方法

① Google タグマネージャーにログインします。

https://tagmanager.google.com/

②ページ上部「アカウント作成」をクリックします（図表5）。

【図表5　アカウントを作成】

📖　アカウント	Q	アカウントを作成

③アカウントの設定画面で以下を入力します（図表6）。

　（ⅰ）アカウント名……【社名】or【個人アカウント名】

　（ⅱ）国……【日本】を選択

　（ⅲ）コンテナ名……【サイト名】or【サイト URL】など

　（ⅳ）ターゲットプラットフォーム……【ウェブ】を選択

　（ⅴ）【作成ボタン】をクリックで完了

④管理画面内上部の「コンテナ ID」をクリックします（図表7）。

⑤2つのコードを控えておきましょう。WordPress へ実装の際に
　使います (図表8)。

【図表6　アカウントの設定画面】

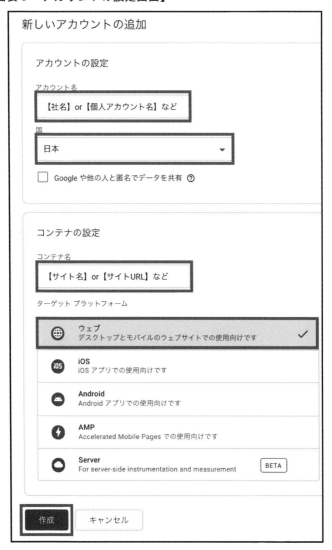

新しいアカウントの追加

アカウントの設定

アカウント名

【社名】or【個人アカウント名】など

国

日本

☐ Google や他の人と匿名でデータを共有 ⑦

コンテナの設定

コンテナ名

【サイト名】or【サイトURL】など

ターゲット プラットフォーム

⊕ ウェブ
デスクトップとモバイルのウェブサイトでの使用向けです　✓

iOS
iOS アプリでの使用向けです

Android
Android アプリでの使用向けです

AMP
Accelerated Mobile Pages での使用向けです

Server
For server-side instrumentation and measurement　BETA

作成　　キャンセル

【図表7　GTMから始まるコンテナID】

【図表8　2つのコードを控えておきます】

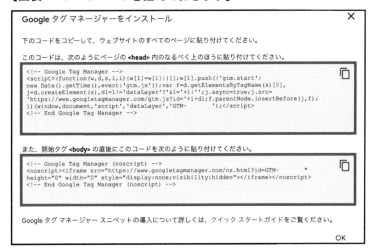

■ WordPressへの実装方法

Wordpressのデフォルトテーマ「Twenty Twenty」を例にご紹介します。その他のテーマも基本的には同様に「header.php」への実装ですが、一部テーマでは例外もあります。ご利用のテーマをご確認ください。

これからご紹介する実装方法は「WordPress管理画面内」からの操作方法になります。FTPソフトにてサーバーファイルを操作できる方は、FTPソフト経由でも同様の手順となります。

① WordPress 管理画面へログインします。

②左メニュー内の「外観」⇒「テーマエディター」をクリックします (図表 9)。

【図表 9　テーマエディターを選択】

③右側メニュー内の「テーマファイル」⇒「テーマヘッダー (header. php)」を選択します (図表 10)。

【図表 10　テーマヘッダーを選択】

※テーマヘッダー（header.php）の中身コードは必ずコピーして、メモ帳などに保存しておいてください。万一エラーが発生した際の復元用バックアップとなります。

④（ⅰ）\<head\> の直下に、Google タグマネージャーで取得したコード①を挿入します (図表 11)。

　　（ⅱ）\<body ～ \> の直下に、Google タグマネージャーで取得したコード②を挿入します (図表 11)。

　　（ⅲ）「ファイルを更新ボタン」を押して正常に更新されれば実装は完了です (図表 11)。

【図表 11　取得したコードを挿入する】

```
14  <html class="no-js" <?php language_attributes(); ?>>
15
16  <head>    <head>の下に①を挿入
17
18      <!-- Google Tag Manager -->
19      <script>(function(w,d,s,l,i){w[l]=w[l]||[];w[l].push({'gtm.start':
20      new Date().getTime(),event:'gtm.js'});var f=d.getElementsByTagName(s)[0],
21      j=d.createElement(s),dl=l!='dataLayer'?'&l='+l:'';j.async=true;j.src=
22      'https://www.googletagmanager.com/gtm.js?id='+i+dl;f.parentNode.insertBefore(j,f);
23      })(window,document,'script','dataLayer','              ');</script>
24      <!-- End Google Tag Manager -->
25
26      <meta charset="<?php bloginfo( 'charset' ); ?>">
27      <meta name="viewport" content="width=device-width, initial-scale=1.0" >
28
29      <link rel="profile" href="https://gmpg.org/xfn/11">
30
31      <?php wp_head(); ?>
32
33  </head>
34
35  <body <?php body_class(); ?>>    <body>の直下に②を挿入
36
37      <!-- Google Tag Manager (noscript) -->
38      <noscript><iframe src="https://www.googletagmanager.com/ns.html?id=GTM-
39      height="0" width="0" style="display:none;visibility:hidden"></iframe></noscript>
40      <!-- End Google Tag Manager (noscript) -->
41
42      <?php
43      wp_body_open();
```

7 無料で高機能な解析ツールを実装してアクセス解析 「Google アナリティクス導入編」

■ Google アナリティクスとは

　稼げるサイトを作成するためには、どれほど「アクセス」があり、どのような経路から「流入」してきたのかといった、アクセス解析データをもとにしたサイトの改善活動が必要です。

　このアクセス解析データを無料で簡単に取得できるツールが「Google アナリティクス」です（図表 12）。

　Google タグマネージャーに Google アナリティクスの計測コードを設定するだけで簡単にアクセス解析を始めることができます。

　ここでは Google アナリティクスの導入手順と Google タグマネージャーの連携方法について説明します。

【図表 12　Google アナリティクスダッシュボード】

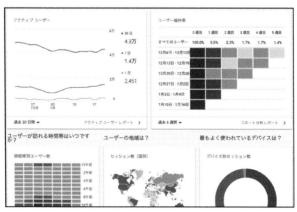

■ Google アナリティクス導入方法

（1）Google アナリティクスにログインします。

　　https://www.google.com/analytics/

（2）アカウント名……【社名】or【個人アカウント名】などを入
　　力します (図表 13)。

【図表 13　アカウント名を入力】

（3）詳細設定を入力します (図表 14)。

　　①プロパティ名……【サイト名】など

　　②レポートのタイムゾーン……【日本】を選択

　　③通貨……【日本円】を選択

　　④【詳細オプションを表示】をクリック

　　※本書執筆時点で「Google アナリティクス 4」が稼働しましたが、本書で
　　　は従来の「ユニバーサルアナリティクス」による分析方法を説明します。

⑤ウェブサイトの URL……計測対象のサイト URL を入力
⑥「 Google アナリティクス 4 とユニバーサルアナリティクスの
　プロパティを両方作成する」にチェック
⑦「次へ」をクリック

【図表 14　プロパティの設定】

（4）業種……いずれかを選択
　　ビジネスの規模……いずれかを選択
　　Google アナリティクスのビジネスにおける利用目的……いずれかを選択
（5）「作成ボタン」をクリックで完了

■ Google タグマネージャーとの連携方法
① Google アナリティクスにログインします。

https://www.google.com/analytics/
②左下メニュー内の「管理」をクリックします (図表 15)。

【図表 15　管理画面に入ります】

③管理画面内の真ん中の列「プロパティ」内のメニュー「トラッキング情報＞トラッキングコード」をクリックします (図表 16)。

【図表 16　トラッキングコードをクリック】

④上部に表示される、UA から始まる「トラッキング ID」を控えて
おいてください (図表 17)。

【図表 17　トラッキング ID を控えておきます】

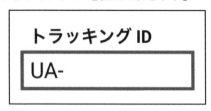

⑤ Google タグマネージャーにログインします。
　　https://tagmanager.google.com/
⑥左メニュー内「タグ」をクリックし、右部分の「新規」をクリッ
クします (図表 18)。

【図表 18　タグ＞新規をクリック】

⑦上部に名前「Google アナリティクス」と入力し、「タグの設定」
をクリックします (図表 19)。
⑧メニュー内から「Google アナリティクス：ユニバーサルアナリ
ティクス」を選択します (図表 20)。

【図表 19　タグの設定をクリック】

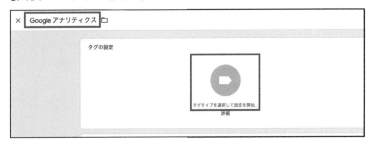

【図表 20　Google アナリティクスを選択】

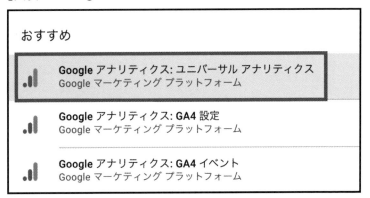

⑨タグを下記の手順で設定します。

（ⅰ）トラッキングタイプ…「ページビュー」

（ⅱ）「このタグでオーバーライド設定を有効にする」にチェック
　　をつけます。

（ⅲ）トラキング ID…先ほど Google アナリティクスで控えた、UA
　　から始まる「トラッキング ID」を入力します。

　　その後、下の「トリガー」をクリックします (図表 21)。

【図表 21　タグの設定】

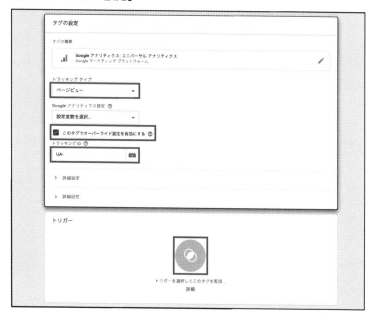

⑩「All Pages」を選択します。

⑪戻ったページで「保存ボタン」を押します (図表 22)。

【図表 22　保存ボタンを押す】

⑫上部メニューの「公開ボタン」をクリックします。

⑬（ⅰ）バージョン名…「Google アナリティクス導入」など、わか
　　　りやすい名前（任意）を入力します。

　（ⅱ）バージョンの説明…「Google アナリティクスを導入しまし
　　　た」など、わかりやすい説明（任意）

　（ⅲ）「公開ボタン」を押せば、連携は完了です。

8　掲載順位や流入キーワードも取れる「Google Search Console 導入編」

■ Google Search Console とは

　Google アナリティクスがアクセス解析のツールだとすると、Google Search Console はサイトの健康診断ができるツールです。

　「ページエラーの発生状況」「サイトが Google 検索で何番目に表示されているか」「どのようなキーワードで検索されているか」「どの程度の表示回数があり、何回クリックされているか」、このような Google 検索の自分のサイト状況を把握することができます。

　Google アナリティクスはアクセス解析に特化したツールですが、近年の SSL 化に伴い、サイトへの検索流入キーワードを取得することが非常に困難になっています。

　そのため、サイトへの流入キーワードを取得するには、この Google Search Console を導入しない限り、正確に検証することができません。

　Google アナリティクスと連携することにより、アクセス解析に役立てるようにしましょう。

【図表 23　Google Search Console】

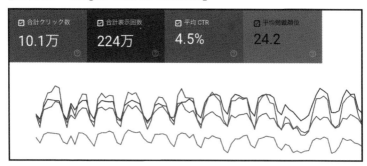

■ Google Search Console 導入方法

① Google Search Console にログイン

https://www.google.com/webmasters/tools/

②（ⅰ）URL プレフィックスを選択

（ⅱ）計測対象の URL を入力

（ⅲ）「続行」をクリック（図表 24）

【図表 24　「続行」をクリック】

③所有権の確認……「Google タグマネージャー」を選択、確認ボタンをクリックします (図表 25)。

【図表 25　所有者の確認】

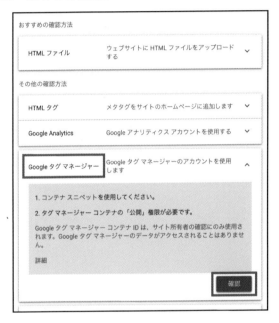

④WordPress へ Google タグマネージャーの実装が完了していれば、これで所有権の確認が完了し、Google Search Console の利用が可能になります。

■ **Google アナリティクスとの連携方法**

連携方法には複数の方法がありますが、ここでは Google アナリティクスのレポート内からの連携方法を説明します。

① Google アナリティクスを開き、左側メニュー内の「集客 > Search Console > ランディングページ」をクリックします。

　「〜統合を有効にする必要があります」の画面が表示されたら、「Search Console のデータ共有を設定」ボタンを押します (図表 26)。

【図表 26　Search Console のデータ共有を設定】

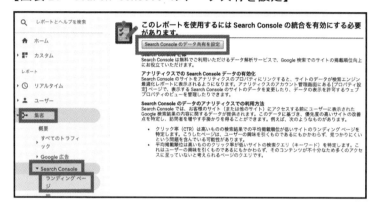

② 「プロパティ設定」画面へと遷移した後、下部の「Search Console を調整」ボタンをクリックします (図表 27)。

【図表 27　Search Console を調整】

③表示されたページ内の「追加」ボタンをクリックします (図表 28)。

【図表 28　「追加」ボタン】

④表示されたページ内の「Search Console にサイトを追加」ボタンをクリックします (図表)。

【図表 29　Search Console にサイトを追加】

⑤ Google Search Console の画面に遷移しますが、遷移したページでは作業は不要です。

⑥再び Google アナリティクスの画面に戻り、ブラウザの「更新」ボタンを押すと、サイトの URL が表示されています。

　表示された URL の横のラジオボタンにチェックをつけ、「保存」ボタンを押せば連携完了です (図表 30)。

　連携しておけば Google アナリティクス上で検索流入キーワードなどが閲覧できるため、必ず連携作業を行いましょう。

【図表 30　保存ボタン】

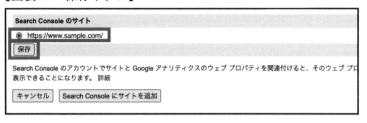

9　ユーザー行動を可視化 「ヒートマップツール導入編」

■ヒートマップツールとは

　Google アナリティクスはアクセス解析のデータを取得することはできるものの、取得できるデータはデフォルトでは「ページビューデータ」となります。つまり「そのページが読み込まれた」といったデータしか見ることができません。

　例えば「電話ボタンが何回タップされたか」「PDF が何回ダウンロードされたか」「動画が何回再生されたか」、こうしたユーザの挙動を取ることはデフォルトの Google アナリティクスではできません。

　Google アナリティクスの「イベント」機能を設計することでこれらのデータを取得することが可能になりますが、「ユーザがページ内のどの部分をクリックしているか」「ページのどの部分が注目して見られているか」といったデータまでは把握できません。

　こうしたユーザーの挙動を簡単に把握することができるツールが「ヒートマップツール」です。

　ヒートマップツールは様々な企業が提供しており、例えば「UserHeat」は下記のデータを収集することができます（図表31、32）。

①ユーザがページ内でクリックした場所が見える「クリックヒートマップ」

②ページ内のどこが注目して閲覧されているのかが見える「熟読エリア」

③ページのどの部分で離脱が発生しているのかがわかる「離脱エリア」

　これらの情報をサーモグラフィーで視覚的に解析することができます。

　ヒートマップツールによりユーザーのサイト上の行動を可視化し、コンテンツの改善に役立てましょう。

【図表31　クリックヒートマップ】

【図表32　熟読エリア】

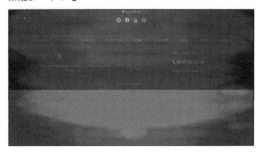

■ UserHeat の導入方法

※登録（無料）が済んでいることが前提

① UserHeat の管理画面上部のメニュー内「解析タグ発行」をクリックします (図表 33)。

【図表 33　解析タグ発行】

②表示される「解析タグ」を控えておいてください (図表 34)。

【図表 34　解析タグを控える】

③ Google タグマネージャーにログインします。

https://tagmanager.google.com/

④左メニュー内「タグ」をクリックし、右部分の「新規」をクリックします (図表 35)。

【図表 35　タグ＞新規をクリック】

⑤上部に名前「ヒートマップ」と入力し、「タグの設定」をクリックします(図表36)。

【図表36　タグのタイプを選択】

⑥メニュー内から「カスタムHTML」を選択します(図表37)。

【図表37　カスタムHTML】

⑦HTML……控えておいた「解析タグ」を貼り付けます。

その後、下の「トリガー」をクリックします(図表38)。

⑧「All Pages」を選択します。

⑨戻ったページで「保存ボタン」を押します(図表39)。

⑩上部メニューの「公開ボタン」をクリックします(図表40)。

【図表 38　解析タグの貼りつけ】

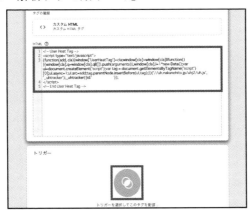

【図表 39　保存ボタンを押す】

【図表 40　ワークスペースに戻った後に公開をボタンを押す】

⑪（ⅰ）バージョン名……「ヒートマップ導入」など、わかりやすい名前（任意）

（ⅱ）バージョンの説明……「ヒートマップを導入しました」など、わかりやすい説明（任意）

（ⅲ）「公開ボタン」を押せば、連携は完了です。

【図表41　バージョン情報入力後に保存ボタンを押す】

　以上で事前準備は完了です。

　なお、2020年10月にMicrosoftからヒートマップツール「Clarity（クラリティ）」が無料公開されました。

　ヒートマップ機能のみならず「レコーディング機能」により、ユーザーのサイト上の行動を記録して動画で閲覧できます。

　本書執筆時点では完全無料で、UserHeatと同様に解析タグを埋め込むことで利用できます。

■ Microsoft Clarity

https://clarity.microsoft.com/

第2章

王道のシナリオで人を動かす
「ページ構成の秘訣」

1　ユーザーを落とし込むセールスレターの構成

■コンテンツはシナリオが重要

　スムーズに商品を購入してもらうためには、サイト内の導線に「シナリオ」が必要です。

　サイトは大きく分けて 1 ページで完結する「セールスレター型」と複数のページで構成される「ホームページ型」がありますが、どちらも考え方は一緒です。

■人間の消費行動パターン

①商品の存在を知る「認知」ステージ

②商品に対する「興味・関心」ステージ

③購入するかどうか「比較検討」ステージ

④最終「購入」ステージ

　これは商品やサービスを入手する一般的な消費行動モデルでもあります。サイトの設計も同様のシナリオで作成することにより、ユーザーをスムーズにゴールに導くことができます。

■セールスレター型のシナリオ

　まずはシンプルな「セールスレター型」のサイトで考えてみます。セールスレター型のサイトでシナリオ通りに導くために、下記のコンテンツを順序通り配置することがポイントです (図表 42)。

【認知】

　ファーストビュー ⇒キャッチコピー ⇒サブキャッチコピー ⇒課題提起

【興味・関心】

　メリット説明 ⇒商品説明

【比較検討】

　推薦者の声 ⇒お客様の声 ⇒ よくあるご質問 ⇒金額提示

【購入】

　購入ボタン

【図表 42　セールスレター型のシナリオ】

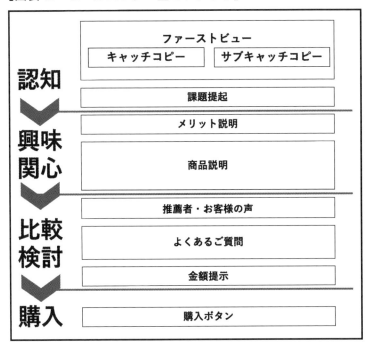

　まずはこのシナリオを押さえて、ユーザーを上から下へと落とし込む意識でコンテンツを作成していきましょう。

2 インパクトで惹きつける 「キャッチコピー」の書き方

■魅力あるキャッチコピーをつくるコツ

ファーストビュー、つまりサイトを開いた直後に見える部分に含まれるキャッチコピーは商品の成約率を左右する重要な要素です。

人間は最初の「3秒」で「その先のページを読み進めるかどうか」を判断すると言われています。

たとえサイト内に優れたコンテンツが書かれていても、ページを読み進めてもらわない限り、そのメリットを伝えることはできません。

では、読み進めてもらうための「キャッチコピー」はどのようにして作成すればよいでしょうか？　キャッチコピーの作成は以下の点で物事を区分し、つなぎ合わせてみましょう。

■キャッチコピー作成手順
①ターゲットの選定
②ターゲットのニーズ抽出
③商品の強みポイント
④数値

例として、このごくありふれた「ボールペン」を「買いたい！」と思わせるようなキャッチコピーをつけていきましょう。

写真だけ眺めていてもよいキャッチコピーは浮かびませんが、作成手順に沿って1つひとつ進めていくだけで、簡単に魅力的なキャッチコピーが完成します。

【図表43　キャッチコピー作成前の「ボールペン」】

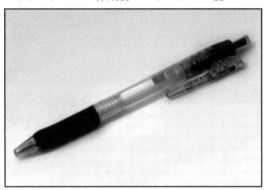

■ターゲットは誰ですか？

　まずは「誰」がこの商品を買いたいのか、欲しているのかを明確にしましょう。

　ボールペンで例えると、仕事で多用する「サラリーマン」をターゲットとして仮定します。ターゲットが決まれば、次はそのターゲットのニーズを探っていきましょう。

■ターゲットは何を求めていますか？

　仮定したターゲットが「おっ」と思うキーワード、つまり一度見たら思わず反応してしまうキーワードを抽出しましょう。

　仕事でボールペンを多用するサラリーマンのニーズとは、どのようなものが挙げられるでしょうか。真っ先に考えられるニーズは「書きやすい」でしょうか。そして「きれいな字が書ける」「携帯しやすい」「疲れない」「デザイン性」「経済的」なども考えられます。

　このようにターゲットが求めているであろうニーズをキーワードとして書き出しましょう。

■商品のメリットは何ですか？

　続いて商品の強みを洗い出しましょう。つまりその商品のメリットを指し示すキーワードです。この例で考えると、ボールペンの強みをキーワードとして挙げていきます。

　例えば「なめらかな書き心地」「速乾性」「にじまない」「軽量」「シンプル」「握りやすい」「インクが長持ち」「詰め替え可能」などが強みとして考えられます。

　複数の組み合わせを考慮し、商品の強みを可能な限り書き出しましょう。

■圧倒的インパクトを残す数値の秘訣

　スーパーマーケットやコンビニで商品を購入する際、人間が最も注目する部分はどこでしょうか？

　答えは金額の数字部分です。数字を入れることにより、人間の興味関心は大きく駆り立てられます。例えば「No.1」「99％が〜」「1000人も〜」「5％の〜」「10年の〜」「2倍も〜」などが挙げられます。

　数字は人の衝動を駆り立てる魔法の言葉です。魅力的なキャッチコピーを作成するために必ず入れるようにしましょう。

■組み合わせてキャッチコピーをつくろう

　以上の4つをそれぞれ書き出したら、あとはそれを組み合わせてつなぎ合わせます。

　実際にボールペンを例に組み合わせた場合、以下のようなキャッチコピーが生まれました。

●約99％の方が実感！　握りやすく、疲れない。『超』速乾性ボールペン

●わずか5％しか持っていない！　耐久性2倍の経済的ボールペン

【図表44　キャッチコピー作成後の「ボールペン」】

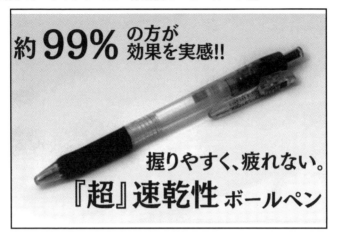

　書き出した言葉を組み合わせるだけで簡単にキャッチコピーを作成することができます。

　闇雲にキャッチコピーを考えるのではなく、言葉の組み合わせで魅力的なキャッチコピーを考えてみましょう。

3　課題の掘り起こしとユーザーメリット、商品説明

■ユーザーの欲求を再確認しよう

　ファーストビューから読み進めたユーザーに訴求する2つ目の要素は「課題の掘り起こし」です。

　「こんな悩みがありませんか」と疑問提起を行い、ユーザーの課

題を再度認識させます。

・○○がうまくいかない

・○○になりたい

・○○を解消したい

　課題の掘り起こしにより「自分自身に関連する商品」であることを意識づけます。

■興味を抱いてもらうための課題解決提案

　「その課題を解決する商品です」とつなぎ、次のステップ「商品説明」に移ります。

　そもそもユーザー自身に課題の認識がなければ、商品の購入に至る可能性は極めて低いでしょう。人間は「ある課題」を満たすために商品を購入しているわけです。

　このステージでユーザー自身の課題を明確化させ、「興味・関心」を増長させることがポイントになります。

■商品を使うメリットでユーザーに希望を与える

　このステージに到達しているユーザーは「自分にはこの商品が必要だ」と認識している層のため、ここで商品のメリットを訴求していきましょう。

　メリット訴求の方法は「課題の掘り起こし」に対する返答となります。

・○○がうまくいくようになる！

・○○になれる！

・○○を解消できる！

　「この商品を使うことにより、課題を解決することができる」とお客様メリットを訴求することにより商品購入意欲が増長します。

■具体的根拠の提示で与える安心感

　セールスレターの中盤に差し掛かり、このステージで商品説明を行います。

　商品説明で重要なことは、「なぜその課題を解決できるのか」「なぜそうなれるのか」。

　つまり「お客様メリット」で示した根拠を提示することが目的です。

・使用時のイメージ写真

・動画

を掲載することにより、さらに根拠を明確に伝えることができるようになります。

4　安心と信頼を勝ち取る重要な「声」実績 / 推薦者の声 / お客様の声

■実績 / 推薦者の声 / お客様の声

　ここは社会的信頼を得るための「証拠」を提示するステージです。ここまでの説明はすべて販売者視点のストーリーになっており、ユーザーを購入の意思に傾けるには「信頼」が不足しています。

　ユーザーの信頼を獲得するための証拠としては「①実績の提示」「②推薦者の声」「③お客様の声」が有効です。

①実績の提示

　「マスコミでの紹介」「大手サイトでの掲載」「第三者機関の証明」などの実績があれば、写真とともに掲載することで安心感を与えることができます。

②推薦者の声

「有名人」「業界著名人」「専門家」の推薦文があれば掲載しましょう。「この人もオススメしている商品なのか」と大きな信頼を獲得することができます。

③お客様の声（感想）

「お客様の声」はユーザーが商品購入を判断する際の重要な要素です。実際に利用した方の感想を掲載することで、商品購入後の成功体験をイメージさせることができます。

■お客様の声の信頼性を上げる3つのポイント

①顔出しを原則とする

顔なし、イラストは信頼が下がります。つまり「自作自演」を疑われる可能性が高まるリスクがあります。

②本名公開を原則とする

Amazon のような大手サイトはともかく、小規模サイトでは名前がイニシャルの場合「自作自演」を疑われる可能性が高まるリスクがあります。

③手書きのアンケートは効果大

手書きの感想を掲載することで自作自演は疑われず、リアルな感想と印象づけることができます。

お客様の声は信頼と安心を獲得するためには非常に重要な要素ですが、誤った掲載は逆効果を生むリスクもあります。

上記3点に注意し、積極的に感想を収集することを心がけましょう。

感想を投稿してくれた方には「キャッシュバック」「次回利用時の割引クーポン」などのメリットを提供することで、より多くの良質な感想を収集することができます。

5   よくある質問で潜在見込客も獲得

■顕在層のみならず潜在層へもアプローチ

　よくある質問は疑問に答えるだけのページではなく、一工夫凝らすだけでより大きな安心感を与えることができます。

　例えば、質問に対する「丁寧な回答」を心がけることにより「このサイトはここまで丁寧に回答してくれるんだ」と安心感を与えることができます。

　また、回答 + α の情報を掲載することで、「そのような使い方もあるのか」と新たな付加価値を感じるユーザーも現れます。

　そもそも商品を購入する意識は低かったものの、その回答を見ることにより「自分自身にその商品が必要である」と気づく、つまり商品を購入する予定のなかった「潜在層」に向けて商品の魅力をアピールする絶好の機会となります。

■疑問解消のためではない、その先の安心感へ

　単なるよくある質問もたった一工夫で「これなら安心してこのサイトから商品を購入できそうだ」とエンゲージメントを高める武器となります。

　また、よくある質問は端的な質問に対する回答が基本となるため、ユーザーは直感的にその商品をイメージしやすくなるメリットが大きい要素でもあります。

　頻繁に見られる要素のため、よくある質問を活用し、より多くのユーザーを獲得することを意識しながら丁寧な回答を心がけるだけでも競合他社との差別化が図れるでしょう。

6 見せ方1つで変わる、人を動かす金額設定

■商品価格は見せ方に気をつける

　ここまでメリットを訴求し、商品を説明し、安心感を与えてきたわけですが、商品価格を提示する際に重要なことは「お得感」を出すことです。

　ここではわずかな気配りと言葉の違いで大きく印象を変えることができる3つの金額提示方法を紹介します。

■より「お得感」を出す表現方法

①特典を付属する

　商品に特典を付することにより、ユーザーはお得感を感じられます。

②値段を端数で表記

　1万円よりも9800円、5000円を4980円と記載することでお得感を感じられます。

③50% OFF よりも半額

　どちらも値下げ金額は同一です。しかし、人間が直感的にお得に感じる表記は後者の「半額」と言われます。アパレルショップでも「半額」が多用されるのはこのためです。

　価格ステージまで閲覧しているユーザーは購入意欲が高い見込客です。少しでもお得感を演出し、取りこぼしのないように注意しましょう。

　キャッチコピーでも触れましたが、人間が最も注目する部分は数値です。さらに「金額」は購入意思決定の重要な要因であるため、金額の見せ方だけで売上が変わることも理解してください。

7　理想といけないクロージング方法

■最後で取りこぼし、意外と多い

　決済方式がユーザーの購入決定要因に影響すること、取りこぼしに繋がるケースは非常に多くなっています。

　例えば、購入したいと思って「お申し込みフォーム」にたどり着きました、しかし決済手段が「銀行振込」しかない場合を想定しましょう。ユーザーは「クレジットカード決済を希望」していたのに「銀行振込」しか対応していない場合、購入できず離脱をしてしまいます。

　購入直前のユーザーを取りこぼさないためにも、選択できる決済方法は多様性に富んでいることが求められています。

■電子マネーの普及による決済手段の多様化

　「ポイント決済」「電子決済」など、決済方法が多様化しています。従来まで決済として一般的であった「銀行振込」「クレジット決済」で十分と思っていっても、ユーザーにとっては「電子決済」を当然と思う方もいます。

【ウェブサービス / ネットショップで利用される決済方法】

決済方法（クレジットカード / 代金引換 / 銀行振込 / 後払い / コンビニ払い / キャリア決済 / スマホ決済サービス）

　クレジットカード決済が約 75％を占めており、カード決済導入は必要不可欠になっています (図表 45)。

　PayPal や Stripe（ストライプ）などのオンライン決済サービスは個人や中小企業でも利用できるため、導入を必ず検討しましょう。

【図表45　インターネットを使って商品を購入する際の決済手段の推移】

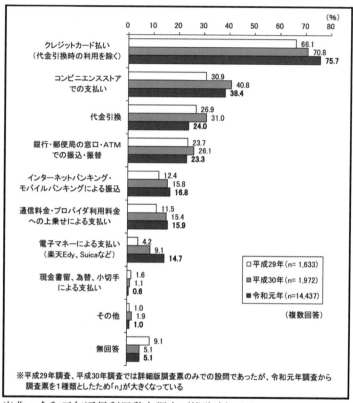

出典：令和元年通信利用動向調査（総務省）より

　電子マネーによる支払い（楽天 Edy、Suica など）が増加傾向にあり、時代とともに新たな決済手段のニーズの高まりが伺えます。
　ゴール直前までたどり着いたユーザーを取りこぼさないための決済手段の多様化に対応することが、稼ぐサイトをつくるために求められているということでしょう。

8 複数ページで構成される 「ホームページ型」の導線設計

■ランディングページはユーザーにより異なる

続いて、複数ページで構成されるホームページ型のサイト構成について紹介します。

ホームページ型は複数ページに分かれていますが、コンテンツの構成自体はセールスレター型と同様に、1本のシナリオ通りに導くことを考えましょう。

ページが複数存在する場合、ユーザーが最初に入ってきたページ、つまりランディングページはユーザーによって異なります。また、ユーザーの中には「すぐに商品を購入したい方」「商品情報だけを確認したい方」など、考えも様々です。

このような場合に、どのページにランディングしてもシナリオ通りにユーザーを導くための「最短経路1本化」の考えが効果的です。

■最短経路1本化の考え方

例えばサイトが以下のようなページ構成になっている場合を仮定します。

①トップページ ②お店からのご挨拶 ③商品一覧ページ ④商品詳細ページ ⑤お客様の声 ⑥よくある質問 ⑦お申し込みの流れ ⑧お申し込みフォーム ⑨ブログ ⑩お問い合わせ

この中で、商品購入までの最低限閲覧されなければならないページを考えていきます。

そうすると、「④商品詳細ページ⇒⑦お申し込みの流れ⇒⑧お申

し込みフォーム」の３つのステップを踏めば、商品のお申し込みにたどり着けると思われます。

　これが主要導線（＝本線）です。

　そして、それ以外のページは、商品の補足ページやお客様の声による、商品の魅力を伝える役割のページ（＝複線）となります。

　「複線」は「本線」を補う役割のページであり、必ず本線に戻さなければ商品の購入にたどり着けません。ユーザーがどこにランディングするかわからないからこそ、どこにランディングしても必ず本線へ戻す導線をつくる必要があるということです。

　まずはサイト構成をあらためて見直し、本線を確認しましょう。そして、どの複線にランディングしたとしても、必ず本線に戻るための導線を用意します。

　また、すぐに商品を購入したい方がスムーズに購入にたどり着けるように最短経路を考える、これが最短経路１本化の考えです。

【図表 46　本線と複線】

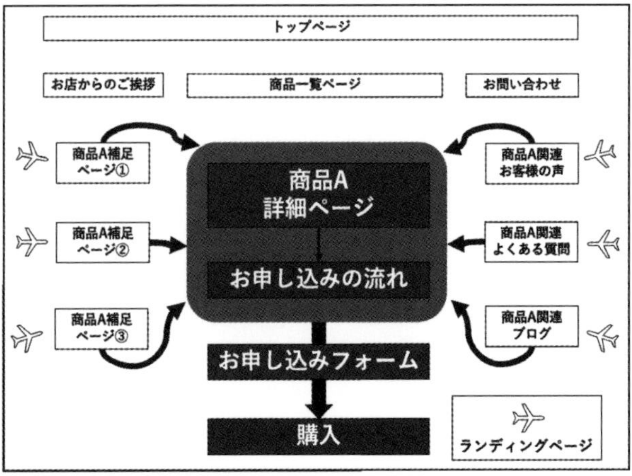

■行き止まりは迷路への入り口

「ユーザーに商品を理解してもらえるように、複数ページに渡って丁寧な説明をつくろう」

ユーザーに寄り添った思考であればあるほど、商品の魅力を伝えようと複数ページを作成してしまいがちです。

たくさんのコンテンツを用意してユーザーに説明する姿勢は素晴らしいのですが、その導線設計を誤るとユーザーから見れば「迷路」そのものです。

「次のステップ（本線）へ進む」導線が設置されていますか？

「そのページで行き止まり」の構造をよく見かけます。

例えば、様々な商品ページを閲覧しているうちに購入意欲が高まり「よくある質問ページ」にたどり着いた場合を考えてみましょう。

このときにその質問ページ内に「トップページへ戻るリンク」しかない場合、ユーザーは前に戻り続けるか、最初からやり直しになります。もし本線へ直接誘導するリンクを設置していれば、スムーズに商品の購入に至れます。

そのページで行き止まりになってしまうと、ユーザーはどこに行けばよいのか、はたまた「自分がどこにいるのかわからない」、つまり、迷路に迷った状態となります。

複数ページをつくる場合は最短経路の 1 本導線を必ずつくり、その「本線」に戻すことを意識して導線を設置しましょう。

なお、「本線」に誘導できているかを判断するには、Google アナリティクスの「ナビゲーションサマリー」が便利です。計測対象ページに対して「どのページから」「どのページへ」遷移しているのかを、遷移数値と遷移割合で表示、分析ができます。

導線の改善には欠かせない Google アナリティクスの機能のため、ユーザーが理想通りの行動を取っているのかを確認しておきましょう。

【図表 47　本線に戻す導線設計】

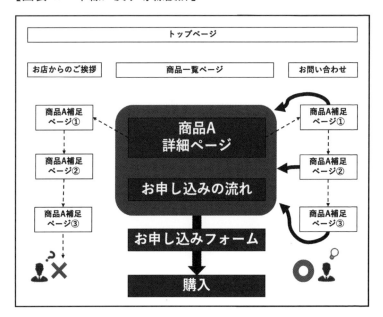

9　魅力的なコンテンツをつくるための素材収集

■魅力的なページを作成するための素材集め

　ページ内のコンテンツがテキストばかりでは、読んでいても疲れますし、そもそもメリットが伝わりません。

　見栄えのよいコンテンツを作成するためには、適宜画像やイラストの表示が求められます。

ここでは写真、イラストを無料で使用できるサービスをご紹介します。

　以下の2サービスの利用により、写真・イラストのほぼすべてを無料で網羅できます。

■ PhotoAC（写真 AC）（図表 48）

　無料登録により、人物、ビジネス、インテリアなどの高品質写真をダウンロードすることができます。商用利用が可能、写真点数も豊富なため、登録をしておくことで写真素材に困ることはなくなります。

【図表 48　PhotoAC】

https://www.photo-ac.com/

■イラスト AC（図表 49）

　PhotoAC（写真 AC）のイラストバージョンです。無料登録が必要ですが、プロのイラストレーターが作成した高品質なイラストを無料ダウンロード、商用利用が可能です。

【図表49　イラスト AC】

https://www.ac-illust.com/

■ CANVA（グラフィックデザイン作成ツール）

　フリー素材はそのまま使うのではなく、素材上に文字入れや装飾の実装を施すことにより、より魅力的なデザインかつ他サイトとの差別化ができます。

　そんなデザイン編集に役立つツールとして、CANVA がおすすめです。ドラッグ＆ドロップなどの直感的な操作だけで文字入れや装飾が簡単に行える、デザイン制作初心者向けのツールです。

　CANVA はテンプレートも豊富に揃えており、例えばバナーを制作する際にも既存のテンプレートから画像を差し替えるだけで、プロが作成したような美しいデザインを制作することができます。

　また、CANVA には無料で使用できるフリー素材やイラストが用意されているため、これ1つでデザイン制作を完了させることも可能です。

　まずは初心者でも簡単に扱える CANVA からデザイン制作を開始し、より高機能かつ繊細にクリエイティブ制作をおこないたいと思ったときには Adobe の Photoshop や Illustrator の利用を検討しましょう。

第3章

実店舗販売よりも見える
「アクセス解析の秘訣」

1　実店舗販売よりも人が見える「ターゲットの人物像と傾向」

■アクセス解析で見えること

「ウェブサイトって訪問者の顔も見えないし、声を聞くこともできないし、人の考えがわからないですよね」とよく言われます。

そんなことはありません。アクセス解析を使うことで、実店舗販売よりも鮮明にユーザの「行動」「思考」「感情」を読み取ることもできます。

例えばアパレルショップの場合「来店はしたが、店内の商品を見ることなく帰っていった」、このような人数を計測していますでしょうか？

実店舗販売が計測しているのは「商品販売数」「来店者数」などの数値になりますが、「店内の商品を見ることなく帰っていった人数」、ここまで計測している店舗は少ないでしょう。

アクセス解析では「直帰」という指標があり、「サイトには訪問してきたが、次のページに進まずにサイトを離れた数」も簡単に把握することができます。

そして、ユーザーがサイト上で「どのような行動を取ったか」、1ページ1ページ詳細に計測することができ、さらにサイトへの流入時間や滞在時間も細かく解析することができます。

つまり、「お客様がサイトのどのページを頻繁に見て、どのページで悩んで、どのページでサイトを離れてしまったのか」についてのデータを把握することが可能になります。

ユーザーの行動のみならず、感情までも汲み取ることができます。

■アクセス解析はユーザー1人ひとりの行動履歴の積み重ね

アクセス解析のデータはあくまでも数値にすぎなくても、これはユーザー1人ひとりの行動履歴の積み重ねの結果です。

つまり、「サイトに何人訪問者が来て」「ユーザーが何を考え」「どのような行動をとったのか」、数値を解析することで情報を細かく把握することができる点が最大のメリットです。

アクセス解析を通すことで、実店舗よりも細かくユーザーの行動を把握することができます。

■ユーザー＞概要レポート

まずは Google アナリティクスでユーザー状況を把握する際に最もよく見られる「ユーザー＞概要レポート」の指標の意味を確認してみましょう (図表 50)。

【図表 50　ユーザー＞概要レポート】

【セッション】

サイトへの訪問数のことです。

【ユーザー】

サイトへ訪問したユーザーの数をカウントします。

【ページビュー数】

何ページ見られたのかを表します。3 ページ閲覧すれば 3PV と呼ばれます。

【ページ / セッション】

　1回の訪問（セッション）で何ページ（PV）見られたのかを表します。この数値が低いということは「サイト内で次のページがあまり見られていない（回遊が少ない）ということがわかります。

　低い原因としては「サイトのコンテンツ（ページ数）が少ない」「直帰（1ページしか見ない）が多い」などが考えられます。「どこのページで直帰が多い」「どこのページで離脱が多い」を突き止め、改善することが必要です。

【平均セッション時間】

　サイト滞在時間です。短い場合はサイト内のコンテンツをしっかりと読み込まれていない可能性が高いです。

　ページごとに滞在時間を確認し、滞在時間の短いページはヒートマップツールを活用し、離脱箇所を改善することが必要です。

【直帰率】

　1ページしか見ずにサイトを離脱することです。一般的なお申し込みの流れ「お申し込みフォーム⇒確認画面⇒完了画面」の場合、最低3ページは閲覧される必要があります。つまり、直帰率が高い場合は、お申し込み完了（＝コンバージョン）までたどり着かず、問題があるということです。

　直帰はユーザーが最初に訪問したページ（＝ランディングページ）が計測対象のため、直帰が高いランディングページを特定しましょう。そしてヒートマップツールなどを活用して、離脱箇所を改善する必要があります。

【新規セッション率】

　新規の訪問割合を表します。この数値が低すぎると「新規訪問が少ない＝新規開拓ができていない」という結果を表しており、新規開拓手段を検討する必要があります。

■年齢や性別といったユーザー属性レポート

　ユーザー属性情報のデータを閲覧することにより、さらに細かくユーザーの解析を行うことができます。

　Google アナリティクスには「ユーザー属性レポート」が存在しており、レポートを「有効化」することで利用できます。

■ユーザー属性レポートの有効化

① Google アナリティクスの左メニュー「ユーザー > ユーザー属性 > 概要」を押します。

②「有効化」ボタンをクリックすれば完了です (図表 51)。

【図表 51　ユーザー属性レポートの有効化】

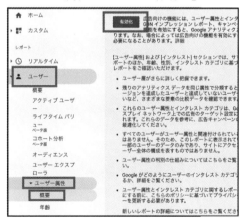

　「有効化」ボタンを押した日以降からユーザー属性レポートを閲覧できるようになります。

※この機能を利用する際はプライバシーポリシーにて情報を開示する必要があります。

2　どこから、どのように訪問してきたのかがわかる「サイト流入経路」

■流入経路からユーザーの意図を把握

Google アナリティクスでは「ユーザーがどこからサイトにやってきたのか」を把握することができます。

例えば、Google や Yahoo! などの「検索エンジン」から流入してきたのか、Faceook や Twitter などの「SNS」から流入してきたのか、もしくは「広告」から流入してきたのかを解析できます。

流入経路によってユーザーの流入意図は当然異なるため、流入後のサイト内行動も変わります。

どの経路から流入してきたユーザーが「どのページをよく見るのか」、「どの程度商品を購入（コンバージョン）しているのか」、流入経路ごとの詳細データもすべて把握することができます。

流入経路と経路別サイト内行動の傾向を把握できれば、その流入経路に合わせた施策を打つことができるようになります。

■集客 > すべてのトラフィック > チャネルレポート

Google アナリティクスの「集客レポート」の集客大分類「チャネルレポート」の概要を説明します (図表 52)。

【Organic Search】

自然検索のことです。Google や Yahoo! の検索エンジンから「何らかのキーワードで検索されて流入」しています。

流入キーワードは Google アナリティクス内の「Search Console > 検索クエリ」で確認することができます。

【図表 52　集客＞概要レポート】

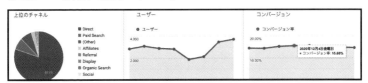

【Direct】

　直接流入です。ブックマークによる流入が多くを占めます。Direct は URL を知っている人からの流入が多いため、リピーターの割合が高いことを示します。

　新規ユーザーの Direct が多い場合は「スマホアプリからの流入」や「掲示板からの流入」を疑いましょう。※第 5 章「集客」で後述

【Paid Search】

　検索広告からの流入です。主にリスティング広告からの流入であり、リスティング広告を出稿していない場合は表示されません。

【Social】

　SNS からの流入です。Facebook、Twitter、YouTube、Instagram などの主要 SNS は分類されますが、「LINE」など国内 SNS は分類されにくい傾向にあります。※第 5 章「集客」で後述

【Refferral】

　外部サイトからの流入です。リンクをクリックすることで、より具体的な「外部サイト URL」ごとのデータが表示されます。

【Email】

　メールからの流入です。パラメーターという技術を使ってメルマガごとに分類することにより、どのようなコンテンツがユーザーの反響が大きいのかを把握でき、以降のメルマガ戦略に活かせます。※第 5 章「集客」で後述

【Display】

　ディスプレイ広告からの流入です。ディスプレイ広告やバナー広告などの画像広告からの流入であり、ディスプレイ広告を出稿していない場合は表示されません。

3　問題点と課題が一目でわかる「コンテンツ改善ポイント」

■ページ内で取った行動から改善ポイントを把握

　サイトに入ってきた後に、どこでよく直帰が発生しているのか、つまり「1 ページしか見ずに 2 ページ目以降を見てくれないランディングページはどこか」、さらにページを見てくれてはいるが、お申し込みに至る前に離脱をしてしまっているページ、つまり「ユーザーを多く取りこぼしているページはどこか」、こうしたサイトコンテンツに問題があるページを把握することができます。

　どのページが「直帰」「離脱」が多いのか、そのページをしっかりと改善して「お申し込みフォーム」へユーザーを流し込む施策を考えることができます。

　直感だけでサイトのコンテンツを改善するのではなく、アクセス解析を基本とし、根拠に基づいて「正確なサイト改善ができる」、そのためにはサイト内行動を分析する必要があります。

■行動 > サイトコンテンツレポート

ここではサイト内行動を分析できる「行動 > サイトコンテンツ」レポートを説明します (図表 53)。

【図表 53　行動＞概要レポート】

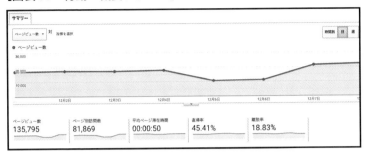

【ランディングページ】

　「ランディング＝着地」つまりユーザーが最初に訪問したページのことです。

　2ページ目以降を見てもらう「回遊」を促す必要があるとすれば、ランディングページで特に見るべき指標は「直帰率」です。直帰率が高いランディングページは1ページのみでサイトを離脱している割合が高いことを示しているため改善が必要です(図表54)。

【図表 54　行動＞ランディングページレポート】

	ランディング ページ	集客			行動			コンバージョン すべての目標 ▼		
		セッション	新規セッション率	新規ユーザー	直帰率	ページ/セッション	平均セッション時間	コンバージョン率	目標の完了数	目標値
		38,239 全体に対する割合: 71.94% (79,109)	65.95% ビューの平均: 73.51% (-7.77%)	25,219 全体に対する割合: 44.38% (56,568)	41.69% ビューの平均: 41.52% (-14.08%)	6.18 ビューの平均: 5.37 (15.12%)	00:04:06 ビューの平均: 00:03:20 (22.69%)	22.29% ビューの平均: 17.93% (24.69%)	8,522 全体に対する割合: 60.35% (14,120)	$0.00 全体に対する割合: 0.00% ($0.00)
☐ 1.	/home	27,510 (71.94%)	67.95%	18,692 (74.12%)	39.01%	6.34	00:04:19	21.06%	5,794 (67.99%)	$0.00 (0.00%)
☐ 2.	/signin.html	2,855 (7.47%)	61.65%	1,760 (6.98%)	36.92%	7.96	00:03:54	36.64%	1,046 (12.27%)	$0.00 (0.00%)

【離脱ページ】

　そのページで離脱、つまりそのページを最後にサイトを離れてしまったページのことです。離脱が多いということはそのページで多

くのユーザーを取りこぼしているということを表します。ヒートマップツールなどを使い、離脱ポイントを確認して改善する必要があります。

※離脱が多くても問題のないページもあります。例えば、商品購入完了画面の「サンクスページ」はコンバージョンが達成されているため、離脱が多くても問題はありません。

【図表55　行動＞離脱ページレポート】

ページ		exit	ページビュー数	離脱率
		33,296 全体に対する割合: 42.10% (79,095)	155,611 全体に対する割合: 36.65% (424,609)	21.40% ビューの平均: 18.65% (14.87%)
1.	/home	14,396 (43.24%)	38,939 (25.02%)	36.97%
2.	/basket.html	5,008 (15.04%)	28,136 (18.08%)	17.80%
3.	/store.html	2,866 (8.61%)	19,795 (12.72%)	14.48%

■前のページと離脱のページの関係性が重要

　離脱には「前のページ」と「離脱のページ」との関係性が非常に重要です。「AページからBページに遷移した際の離脱が多い」ということは、そのページ間の関係性が悪いことが考えられます。

　例えば、Aページでは「今なら無料、詳しくは次のページへ」と記載があるが、Bページでは「販売価格が1万円になりました」と記載されていることを考えてみましょう。ユーザーにとっては想定していた内容と異なり、不満から離脱する結果となります。

【図表56　「前のページ」と「離脱のページ」の関係性】

ページ	前のページ遷移	exit	ページビュー数	離脱率
		17,319 全体に対する割合: 21.90% (79,095)	117,386 全体に対する割合: 27.65% (424,609)	14.75% ビューの平均: 18.65% (-20.80%)
1.	/home	/home	1,828 (10.55%)	5,120 (4.36%)	35.70%
2.	/basket.html ←	/basket.html	935 (5.40%)	7,172 (6.11%)	13.04%
3.	/ordercompleted.html	/ordercompleted.html	725 (4.19%)	1,197 (1.02%)	60.57%

4　利益を生み出す商品購入パターンが把握できる「コンバージョンレポート」

■売上が発生しやすい状況を把握

「どのランディングページに流入した際のお申し込みが多いのか」「どの流入経路のお申し込みが多いのか」「どのようなユーザー属性のお申し込みが多いのか」など、販売状況＝コンバージョンの情報を把握することができます。

商品購入の傾向を把握できれば、そのターゲットや流入経路をさらに強化するという施策を打つことができます。

ここではコンバージョンのレポートで最もよく見る「目標 > 概要レポート」を説明します。

■目標 > 概要レポート

Google アナリティクスの「目標 > 概要レポート」は、「各目標＝商品の売上」の数やコンバージョン率（成約率）を把握することができます。

グラフの単位を「週別」に切り変えることにより、「月初と月末どちらがお申し込みが多いのか」、時間別に切り替えることにより「どの時間帯でよくお申し込みが発生しているのか」のようなデータも確認できます。

こうした情報がわかれば、「お申し込みが発生しやすい時間を狙って広告を配信してみよう」「このようなユーザー属性に向けて広告を配信してみよう」といった、アクセス解析に基づいた確度の高い施策を打ち出せるようになります。

【図表 57　目標＞概要レポート】

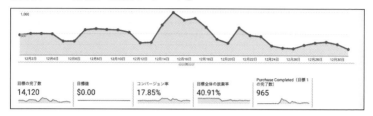

【目標の完了数】

　「コンバージョン数＝商品売上数」を表します。Google アナリティクスで商品の購入完了（目標）の設計をすることで、販売データを閲覧できます。

【コンバージョン率】

　商品の購入率です。100 の訪問（セッション）中に 1 人が購入すれば、コンバージョン率は 1％となります。

【年間のコンバージョン数の推移】

　< 推奨期間 > 年間。売れやすい時期、売れ行きの悪い月の傾向を調査する時に向いた期間グラフです (図表 58)。

【図表 58　年間のコンバージョン数の推移】

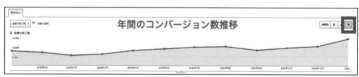

【週のコンバージョン数の推移】

　< 推奨期間 >1 か月。月初と月末のどちらが売れやすいのか、月内のコンバージョンの傾向の調査に向いた期間グラフです (図表 59)。

【図表 59　週ごとのコンバージョン数の推移】

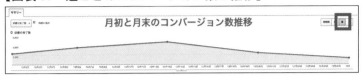

【時間のコンバージョン数の推移】

　<推奨期間>1 日。コンバージョンが発生しやすい時間帯を把握できます。その時間帯に広告を配信するといった施策の立案につながります (図表 60)。

【図表 60　時間ごとのコンバージョン数の推移】

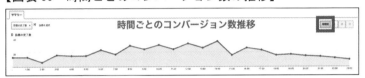

【参照元 / メディア】

　どこから流入した際に、どの程度のコンバージョンが発生しているかを把握できます。コンバージョン数やコンバージョン率が高い流入元を特定して強化するのもよし、伸び悩んでいる経路に対して施策を強化する際の参考にもなります。

【図表 61　経路別に見る「参照元／メディア」レポート】

目標	参照元/メディア	目標の完了数	目標の完了数 (%)
目標の完了の場所	1. (direct) / (none)	383	82.01%
参照元/メディア	2. (not set) / (not set)	49	10.49%
	3. google / cpc	22	4.71%
	4. mail.googleplex.com / referral	6	1.28%
	5. google / organic	4	0.86%
	6. google.com / referral	3	0.64%
			レポート全体を見る

■認知（起点）を把握できるマルチチャネルレポート

コンバージョンだけではなく、商品またはサイトを知ってもらうきっかけ（起点）となった流入経路を確認することもできます。

マルチチャネルレポートでは、「コンバージョンにつながった最後の流入経路」だけではなく、「認知（起点）の段階、もしくは中間の段階でどの流入経路が商品購入のきっかけに繋がったのか」を把握するアトリビューション分析が可能になっています (図表 60)。

【図表 62　マルチチャネルレポート】

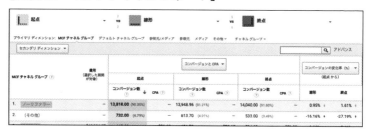

目標レポートを使い、商品購入（申し込み）までのプロセスを確認するようにしましょう。

5　コンバージョンの設計方法（サンクスページ）

■お申し込み完了時の画面でコンバージョンを計測

商品販売状況を把握できるコンバージョンレポートは、コンバージョンの設定をしておかなければ計測することができません。

ここでは、コンバージョン計測の最も基本となる「商品購入ペー

ジ到達型」を目標として設計する方法について紹介します。

「到達型」は、サンクスページに到達した際にコンバージョンを
1カウントする方法です。

いわゆる「商品購入ありがとうございました」「お申し込みが完
了しました」のページに到達したときにコンバージョンを計上する
方式です。

ここでは「https:// ○○○ .com/thanks/」がサンクスページの場
合を想定して設計していきましょう。

■サンクスページのコンバージョン設定方法
① Google アナリティクスにログインします。
②左下の歯車マーク「管理」より、管理画面に入り、右側「ビュー」
　の列より「目標」をクリックします (図表 63)。

【図表 63　ビューの列より「目標」をクリック】

③「＋新しい目標」ボタンを押し、「①目標設定 ⇒ テンプレート ⇒
　注文」のラジオボタンにチェックをつけ続行ボタンを押します。

【図表 64　テンプレート＞注文にチェックをつける】

④「②目標の説明」で「名前（目標の名前）」を入力し、タイプが
　「到達ページ」にチェックが付いていることを確認した上で「続行」
　ボタンを押しましょう (図表 65)。

【図表 65　到達ページにチェックをつける】

⑤「③目標の詳細」で「到達ページ:等しい」を選択し、その横に「/
thanks/」と記述して保存ボタンを押せば、到達型の目標設定が
完了です。

　ここでは「https://○○○.com/thanks/」をサンクスページと
して仮定していますが、ポイントは、URLのドメイン以後のペー
ジを記述します。仮にサンクスページが「https://○○○.com/
product-a/thanks/」の場合は「/product-a/thanks/」を記述します
(図表66)。

【図表66　到達ページに「サンクスページ」のＵＲＬを入力】

⑥正確に設定できているかどうかを必ず検証しましょう。Google
アナリティクスの左側メニュー「リアルタイム⇒コンバージョン」
レポートに移動します(図表67)。
⑦先ほど設定した「サンクスページ」を実際に開きましょう。
　「https://○○○.com/thanks/」の場合は、そのURLをブラウザ
に入力してページを開きます。

　正確に設定が行われていれば、サンクスページを開いた直後にリア
ルタイムレポートの「分単位」または「秒単位」にグラフが表示さ
れます。この状態が確認できればコンバージョンの設定は完了です。

【図表 67　リアルタイム＞コンバージョンレポート】

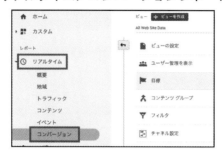

【図表 68　リアルタイムに数値が上がっていることを確認】

⑧コンバージョンの設定後、翌日頃より「コンバージョンレポート」にデータが計測されるようになります。

【図表 69　コンバージョン＞概要レポート】

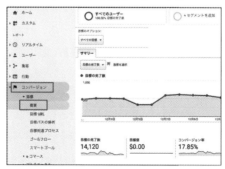

6 コンバージョンの設計方法（電話タップ回数）

■電話リンクのタップ数を計測

　モバイルからのアクセスが主たるターゲットで、電話予約やお申し込みがコンバージョンの中心の場合、Google アナリティクスのデフォルトの機能では「何回電話が発信されたか」の情報までは計測できません。

　第1章で述べた Google タグマネージャーを使えば、電話の発信回数をコンバージョンとして計測することが可能になります。

　ここでは、Google タグマネージャーを利用して電話発信数を計測するための設定を説明します。

■ Google タグマネージャーの電話リンク計測設定

① Google タグマネージャーにログインします。

　https://tagmanager.google.com/

②左メニュー内「変数」をクリックし、組み込み変数の「設定」ボタンをクリックします（図表70）。

【図表70 「変数」→「設定ボタン」をクリック】

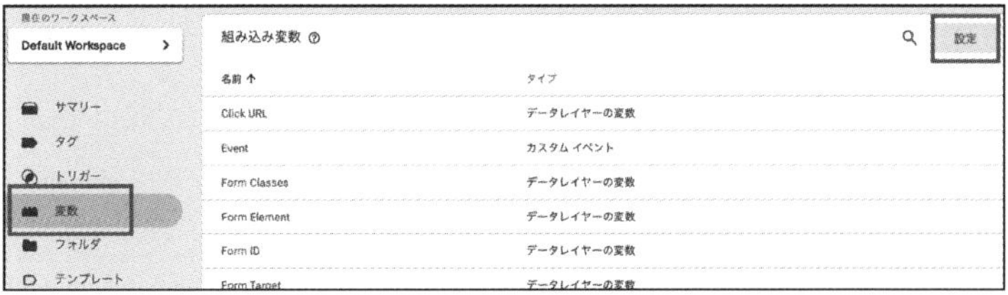

③メニュー内から「Click URL」にチェックをつけます(図表71)。

【図表71　「Click URL」にチェック】

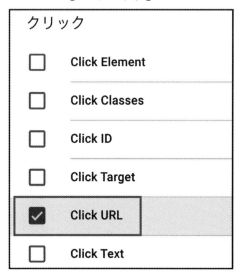

④左メニュー内「トリガー」をクリックし、「新規」ボタンをクリックします（図表72）。

【図表72　「トリガー」→「新規」ボタンをクリック】

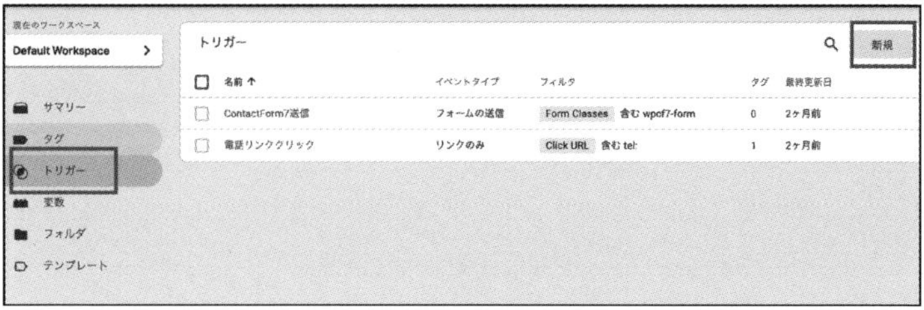

⑤上部に名前「電話リンククリック」と入力し、「トリガーのタイプを選択」をクリックします (図表73)。

【図表73　「トリガーのタイプを選択」をクリック】

⑥クリック内の「リンクのみ」を選択します (図表74)。

【図表74　「クリック」→「リンクのみ」をクリック】

⑦戻った画面で下記のように設定しましょう。

　(i) タグの配信を待つ……チェックオン

　(ii) 妥当性をチェック……チェックオン

　これらすべての条件が true の場合にこのトリガーを有効化

(ⅲ) 左部：「PageURL」を選択

(ⅳ) 真ん中部：「正規表現に一致」を選択

(ⅴ) 右部：「.*」を入力

(ⅵ) このトリガーの発生場所：一部のリンククリックを選択

　　イベント発生時にこれらすべての条件が true の場合にこのトリガーを配信します

(ⅶ) 左部：「Click URL」を選択

(ⅷ) 真ん中部：「含む」を選択

(ⅸ) 右部：「tel:」を入力

(x) 最後に保存ボタンを押します。

【図表 75　トリガーの設定画面】

⑨左メニュー内「タグ」をクリックし、右部分の「新規」をクリックします（図表76）。

【図表 76 「タグ」→「新規」をクリック】

⑩上部に名前「電話計測」と入力し、「タグの設定」をクリックします (図表 77)。

【図表 77 「タグタイプを選択」をクリック】

⑪メニュー内から「Google アナリティクス：ユニバーサルアナリティクス」を選択します (図表 78)。

【図表 78 「Google アナリティクス：ユニバーサルアナリティクス」を選択】

⑫（ⅰ）トラッキングタイプ……「イベント」

　（ⅱ）カテゴリ……TEL

　（ⅲ）アクション……{{Click URL}}　右部プラスマークより追加可能。この指定により電話番号（例：06-○○○○-○○○○）が取得可能になります。

　（ⅳ）ラベル……{{Page URL}}　右部プラスマークより追加可能。この設定により電話ボタンが押されたページ（例：https://sample.com/）が取得可能になります。

　（ⅴ）「このタグでオーバーライド設定を有効にする」にチェックをつけます。

　（ⅵ）トラキングID……GoogleアナリティクスのUAから始まる「トラッキングID」を入力します。その後、下の「トリガー」をクリックします。

【図表 79　タグの設定画面】

⑬先ほど設定した「電話リンククリック」を選択します。

⑭戻ったページで「保存ボタン」を押します（図表80）。

【図表80　戻ったページで「保存ボタン」をクリック】

⑮上部メニューの「公開ボタン」をクリックして反映しておきましょう。

⑯続いて Google アナリティクスにログインします。

⑰左下の歯車マーク「管理」より、管理画面に入り、右側「ビュー」の列より「目標」をクリックします（図表81）。

【図表81　ビューの列より「目標」をクリック】

⑱「＋新しい目標」ボタンを押し、「①目標設定 ⇒ カスタム」の
ラジオボタンにチェックをつけ続行ボタンを押す (図表82)。

【図表82 「カスタム」を選択】

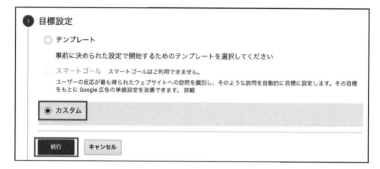

⑲「②目標の説明」で「名前（目標の名前）を」入力し、タイプは 「イ
ベント」にチェックをつけて「続行」ボタンを押す (図表83)。

【図表83 「イベント」にチェックをつける】

⑳「③目標の詳細」で「カテゴリ：等しい」を選択し、その横に「TEL」
と記述して保存ボタンを押せば、電話計測の目標設定が完了です。
※カテゴリ名は Google タグマネージャーと同一のカテゴリ名にし
なければ動作しません（図表84）。

【図表84　Googleタグマネージャーと同一のカテゴリー名を入力】

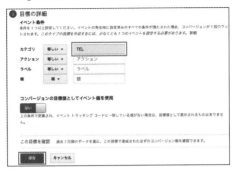

㉑コンバージョン設定後は必ず「リアルタイム⇒コンバージョン」
レポートで正常に計測されているかを確認しましょう（図表85）。

【図表85　リアルタイムに数値が上がっていることを確認】

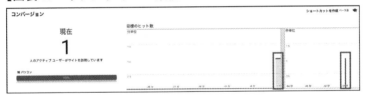

7　コンバージョンの設計方法（Contact Form7）

■ Contact Form 7 はコンバージョンが計測できない

WordPress を利用してウェブサイトを運営している場合にお申
し込みフォームとして役立つプラグイン「Contact Form 7」ですが、

デフォルトの設定では申し込み完了数を計測できません。

　その理由として、一般的に「申し込み完了＝到達型」としてコンバージョンを計測しますが、その際はサンクスページの URL を Google アナリティクスに設定することになります。

　しかし、Contact Form 7 は、「送信ボタン」を押した際はサンクスページへと遷移せず、同一ページで申し込みが完了する仕組みになっています。

（例：「https://sample.com/product_a/form/」がお申し込みフォームの場合、送信ボタンを押した後も「https://sample.com/product_a/form/」のページのまま、サンクスページに遷移しない。）

　到達型をコンバージョンとして計測する場合、原則サンクスページの URL がなければ計測ができません。

■ Google タグマネージャーを使えば簡単に計測可能に

　デフォルトではコンバージョンの計測ができなくても、Google タグマネージャーを利用することで Contact Form 7 のフォーム申し込み完了数を計測することができるようになります。

　その設定方法について解説します。

① Google タグマネージャーにログインします。

　https://tagmanager.google.com/

②左メニュー内「変数」をクリックし、組み込み変数の「設定」ボタンをクリックします (図表86)。

③メニュー内から「フォーム」のすべてにチェックをつけます (図表87)。

④左メニュー内「トリガー」をクリックし、「新規」ボタンをクリックします (図表88)。

⑤上部に名前「ContactForm7 送信」と入力し、「トリガーのタイプを選択」をクリックします。(図表89)

【図表86 「変数」→「設定」をクリック】

【図表87 フォーム内のすべての項目にチェック】

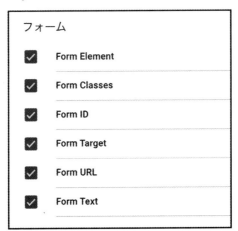

【図表88 「トリガー」>「新規」をクリック】

【図表 89 「トリガータイプを選択」をクリック】

ContactForm7送信
保存
トリガーの設定
トリガーのタイプを選択して設定を開始...
詳細

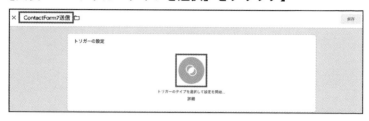

⑥ユーザーエンゲージメント内の「フォームの送信」を選択します（図表 90）。

【図表 90 「フォームの送信」を選択】

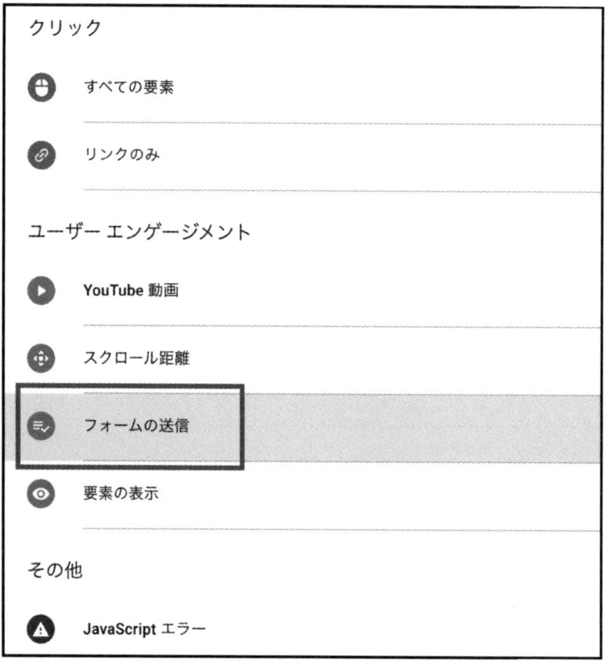
クリック
すべての要素
リンクのみ
ユーザー エンゲージメント
YouTube 動画
スクロール距離
フォームの送信
要素の表示
その他
JavaScript エラー

⑦戻った画面で以下のように設定しましょう（図表91）。

　（ⅰ）タグの配信を待つ…チェックオン（数値はデフォルトのまま）

　　　　これらすべての条件が true の場合にこのトリガーを有効化

　（ⅱ）左部：「Page Path」を選択

　（ⅲ）真ん中部：「正規表現に一致」を選択

　（ⅳ）右部：「.*」を入力

　（ⅴ）このトリガーの発生場所：一部のフォームを選択

　イベント発生時にこれらすべての条件が true の場合にこのトリ
ガーを配信します

　（ⅵ）左部：「Form Classes」を選択

　（ⅶ）真ん中部：「含む」を選択

　（ⅷ）右部：「wpcf7-form」を入力

　（ⅸ）最後に保存ボタンを押します。

【図表 91　トリガーの設定画面】

これで下準備は完了です。

⑧左メニュー内「タグ」をクリックし、右部分の「新規」をクリックします (図表92)。

【図表92　「タグ」→「新規」をクリック】

⑨上部に名前「ContactForm7計測」と入力し、「タグの設定」をクリックします (図表93)。

【図表93　「トリガータイプを選択」をクリック】

⑩メニュー内から「Google アナリティクス：ユニバーサルアナリティクス」を選択します (図表94)。

⑪（i）トラッキングタイプ……「イベント」

　（ii）カテゴリ……問い合わせ送信

　（iii）アクション……{{Page URL}}　右部プラスマークより追加可能。
　　　この設定によりお問い合わせが送信されたページが取得可能に

なります（例：https://sample.com/）。

（ⅳ）値……「1」を入力。

（ⅴ）「このタグでオーバーライド設定を有効にする」にチェック
をつけます。

（ⅵ）トラキングID……GoogleアナリティクスのUAから始まる
「トラッキングID」を入力します。

その後、下の「トリガー」をクリックします（図表95）。

⑫先ほど設定した「ContactForm7計測」を選択します。

⑬戻ったページで「保存ボタン」を押します（図表96）。

⑭上部メニューの「公開ボタン」をクリックして反映しましょう。

⑮続いてGoogleアナリティクスにログインします。

⑯左下の歯車マーク「管理」より、管理画面に入り、右側「ビュー」
の列より「目標」をクリックします (図表97)。

⑰「＋新しい目標」ボタンを押し、「①目標設定 ⇒ カスタム」の
ラジオボタンにチェックをつけ続行ボタンを押します (図表98)。

【図表94 「Googleアナリティクス：ユニバーサルアナリティクス」を選択】

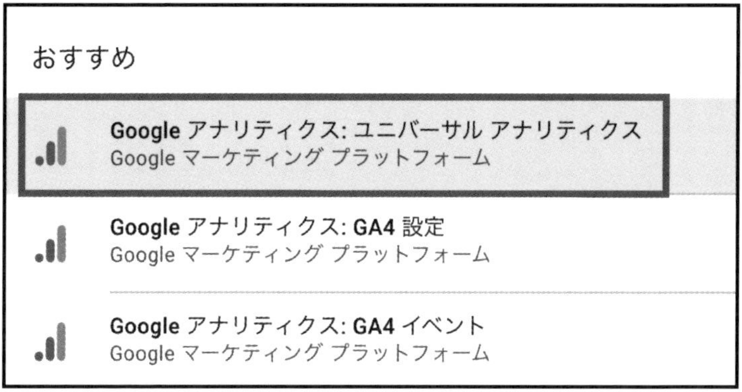

おすすめ

Google アナリティクス: ユニバーサル アナリティクス
Google マーケティング プラットフォーム

Google アナリティクス: **GA4** 設定
Google マーケティング プラットフォーム

Google アナリティクス: **GA4** イベント
Google マーケティング プラットフォーム

【図表 95　タグの設定画面】

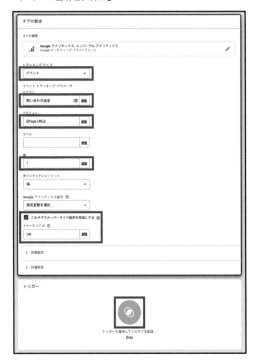

【図表 96　戻ったページで「保存ボタン」を押す】

【図表 97　ビューの列より「目標」をクリック】

【図表 98　「カスタム」を選択】

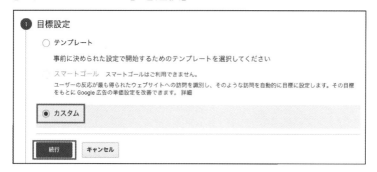

⑱「②目標の説明」で「名前（目標の名前）」を入力し、タイプは「イベント」にチェックをつけて「続行」ボタンを押す(図表99)。

⑲「③目標の詳細」で「カテゴリ:等しい」を選択し、その横に「問い合わせ送信」と記述して保存ボタンを押せば、問い合わせフォーム計測の目標設定が完了です。

※カテゴリ名は Google タグマネージャーと同一のカテゴリ名にしなければ動作しません（図表100）。

【図表 99　「イベント」にチェックをつける】

【図表 100　Google タグマネージャーと同一のカテゴリー名を入力】

⑳コンバージョン設定後は必ず「リアルタイム⇒コンバージョン」
　レポートで正常に計測されているか確認しておきましょう【図表 101】

【図表 101　リアルタイムに数値が上がっていることを確認】

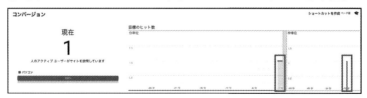

8 ユーザーごとのサイト内行動履歴を読み解く「ミクロ解析」

■ユーザー感情を汲み取るミクロ解析

　ユーザー1人ひとりのサイト上の行動履歴を追いかけることができる分析を「ミクロ解析」と呼びます。

　ミクロ解析により、ユーザーが「何時何分に」「どのページを見て」「次にどのページを見て」と、ユーザーがサイト上で取った行動を細かく分析することができます。

　上述した「ページビュー数」「セッション数」「直帰率」のような、いわゆる大きなデータを扱う「マクロ解析」はサイト全体のデータから改善点を見つけ出すことができる点に特化していますが、個別ユーザーの感情を調査するには粒度が大きすぎて不向きです。

　ミクロ解析は1人ひとりのサイト上の行動履歴を閲覧できるため、「何を考えてこのページに滞在しているのか」「同じページを繰り返し閲覧しているということは悩んでいるのではないか」のようにユーザー感情が読み取りやすく、ユーザーに寄り添った改善点を見つけ出すことに特化しています。

　「マクロ解析が量を把握する分析手法」に対して「ミクロ解析は質を重視した分析手法」です。

　つまり、「どのようなユーザーが」「どのようなページをたどっているのか」に着目することが重要です。

　そして、ミクロ解析の目的は「そのユーザーを満足させる＝ハッピーにするためにはどうすればよいか？」を考え、そのための改善施策を立てることです。

■ミクロ解析は Google アナリティクスでできる

　Google アナリティクスでは「ユーザー > ユーザーエクスプローラ」をクリックすることでミクロ解析を行えます。

【図表 102　ユーザーエクスプローラ】

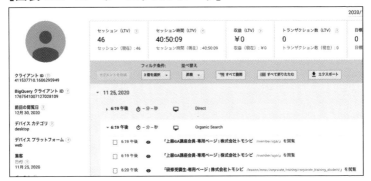

　ミクロ解析を通して、よりユーザー感情に寄り添った施策を立てることができるようになります。

　マクロ解析だけでは見つけ出せなかったユーザーの感情部分をミクロ解析を通して把握してみましょう。思わぬ発見があります。

　なお、ミクロ解析は「A ページを閲覧したユーザー」「コンバージョンが発生したユーザー」のように、対象ユーザーの選定が重要です。

　ユーザーの中には 1 ページしか閲覧していない（＝直帰）ケースや、会員マイページなど同一ページしか閲覧していないケースが多々ありますが、そのようなユーザーから気づきを得ることは困難です。

　ユーザーエクスプローラを使うときは、第 4 章で紹介する「セグメント」を活用して、良質な対象ユーザーを絞り込みましょう。

9 サイト上の行動を可視化 「ヒートマップツールの活かし方」

■ユーザーの挙動を可視化して感情を汲み取る

　Google アナリティクスだけでは「クリックされた箇所」「よく注目されている箇所」「離脱した場所」など、ユーザーのサイト上での挙動までは把握することができません。

　ヒートマップツールを使うと、ユーザーのサイト上の挙動をサーモグラフィー状で可視化することが可能になり、より一層ユーザーの思考・感情が汲み取りやすくなります。

■ヒートマップツールの分析観点

　ヒートマップツール「UserHeat」を使った分析の観点を説明します。

【クリックヒートマップ】

　どこがよくクリックされているかを視覚的に把握できます。リンクではない箇所がクリックされていれば、それはユーザーに誤認を与えているということになります。画像やコンテンツの改善により、ユーザーへのストレスをなくすことを検討しましょう。

　また、よくクリックされているリンクが確認できるため「ユーザーのニーズ」も把握できます。

　例えば、よくクリックされているリンクがページの下部に存在する場合は、ページ上部の「グローバルナビゲーション（ヘッダーメニュー）」に配置することで、スムーズに知りたい情報のページへ遷移することができるようになり、ユーザー負担を軽減できます。

【図表 103　クリックヒートマップ】

【熟読エリア】

　どこが注目されて見られているのかを把握することができます（図表 104）。「お申し込みボタン」や「広告」を配置している場合、それがあまり注目されて見られていない部分であれば、よく見られている部分（赤い箇所）に配置を変更するだけで、クリック率や申し込みフォームへの流入率アップが見込めます。

　また、ページ下部にも関わらずよく見られている部分（赤）があれば、それはユーザーが「知りたい」情報であることがわかります。

　その場合、該当エリアをページ上部に配置変更することで、ユーザーは知りたかった情報を素早く見つけることができ、結果的にコンバージョンへスムーズに誘導できる可能性が高まります。

【終了エリア】

　ページ内のスクロール率を把握できます（図表 105）。つまりユーザーがページ内をどこまで閲覧してくれているのかがわかります。

　特にユーザーの半数にあたる 50％ラインに着目し、それ以上にユーザーを取りこぼしているのであれば、ページ上部のコンテンツが弱

いことを意味しています。さらに「読みたい」と思わせるコンテンツへの改善や、長すぎるページを分割するなどの対策が必要です。

【離脱エリア】

　どの部分で離脱が多く発生しているかを把握できます。離脱が多いポイントはコンテンツに問題があるため、該当部分でのユーザーの意図を汲み取り、離脱を減らす施策を検討しましょう。

【図表104　熟読エリア】

【図表105　終了エリア】

■自分の考えとユーザーの考えは相違していることも多い

　自分では「この場所が効果的」と思っていても、ユーザー側は「わかりにくい」というサイト運営者とユーザーの考えの相違はよく発生します。

　ヒートマップツールを活用し、ユーザーの行動を可視化する。そして、ユーザーの意図を把握してサイトのコンテンツ改善へつなげるようにしましょう。

■直帰や離脱の改善にはヒートマップツールが有効

　例えば離脱の問題点を洗い出す場合、ヒートマップツールを利用して導線の位置まで多くのユーザーが閲覧をしているのかどうかを確認します。そもそも導線の位置まで閲覧されていない状況であれば、そこに至るコンテンツに問題があるとわかります。

　また、クリックヒートマップを用いて導線がクリックされているのかどうかを確認します。クリックがあまりされていないのであれば、リンクがわかりにくいと捉えることができます。「リンクを画像に変えて目立たせる」などの対策を行います。

　直帰や離脱の原因はサイトコンテンツに問題があることが多いですが、どこに問題があるのかについては Google アナリティクスだけでは判断が困難です。

　そのようなときはヒートマップツールを活用して問題点を見つけ出しましょう。

第4章

アクセス解析の応用で稼げる
サイトへ変える
「サイト改善の秘訣」

1　計測期間の売上状況・集客状況から
「過去と現在の成果」と「未来予測」が可能に

■比較によりサイトの増減傾向を確認

　Google アナリティクスでは、現在の状況と過去の状況を比較して見ることができます。「期間比較」機能により、任意の比較期間を選択することで「売上」や「集客状況」、「ユーザーの状況」を比較できるため、サイトの傾向を判断する際に重宝します。

　「昨年と比較して今年はどの程度改善されているのか」というサイトのポテンシャル確認はもちろん、「昨年度の傾向からどの程度の目標値を設定するか」など未来の計画を立てる際にも役立ちます。

■期間比較の見るべき視点
【緑表記】

　比較期間に対して「よくなっている」場合に緑表記となる。
【オレンジ表記】

　比較期間に対して「悪化」している場合にオレンジ表記となる。

【図表 106　期間比較時のレポート】

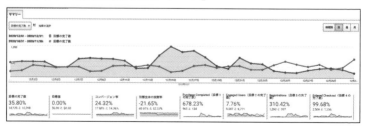

2 特定条件のみで絞り込んで
細かな解析が可能な「フィルタ機能」

■煩雑なレポートを見たいレポートに整形する

Google アナリティクスの画面は様々な情報が表示されているため、煩雑に見えてしまいます。「知りたいデータだけに絞り込んで表示したい」、そのようなときに役立つのが「フィルタ機能」です。

例えば、スマホからの流入を確認するときは「ユーザー > モバイル > デバイス」レポートでデータを確認することができますが、このときに「iPhone だけの流入データが見たい」という場合があります。

そのようなときにこの「フィルタ」を使うと、iPhone の流入データのみに絞り込むことが可能になります。

■フィルタ機能は Excel のようなもの

フィルタ機能は、Google アナリティクスに表示されている表の部分を Excel と考え、表の中から絞り込みをかける仕組みです。

そのため、「直帰率」が表示されているのであれば「直帰率の数値」で絞り込むことも可能です。

流入が「iPhone5」かつ「直帰率が 60%」に絞り込む、といった細かい絞り込みも、アドバンスフィルタという機能を使って絞り込むことが可能です。

画面に表示されたすべての情報を眺めていても改善点は見えにくいです。フィルタ機能を活用して見るべきデータに絞り込むことを心がけましょう。

【図表107　フィルタ機能】

3 「○○の行動が起きたセッション」「○○したユーザー」などの行動でグルーピングできる「セグメント機能」

■行動で分けてデータを見れば、ユーザーの傾向も見える

　フィルタ機能は表の中での絞り込みでしたが、行動で絞り込みができる「セグメント」機能もあります。

　例えば、Google アナリティクスにデフォルトで用意されている「コンバージョンに至ったユーザー」「コンバージョンに至らなかったユーザー」、この２つのセグメントを設定することにより、コンバージョンしやすいユーザーや集客経路の傾向を把握できます。

　また、「直帰したセッション」「直帰しなかったセッション」のセグメントを設定することで、どのようなユーザーが直帰する傾向が高いのか、どのような流入経路が直帰しにくい傾向にあるのか、こ

のような気づきを得ることができるようになります。

■より高度な絞り込みを実現するカスタムセグメント

　「こういう行動が起きたセッション」「こういう行動を起こした
ユーザー」のように、セグメント機能から行動でグルーピングして
より細かい挙動を把握することができます。このセグメント機能は
自分でオリジナルのものをつくることもできます。

　例えば「よくある質問ページを見たセッション」や「申し込み
フォームにたどり着いたユーザー」はもちろんのこと、「Ａページ
からＢページに遷移したユーザー」のように、特定ページから次
の特定ページへ遷移した場合のように、細かく行動を指定してグ
ルーピングすることができます。

　セグメント機能を使うことにより、デフォルトの分析結果だけで
は気づくことができなかった高度な分析が実現できます。

【図表 108　セグメント機能時のレポート】

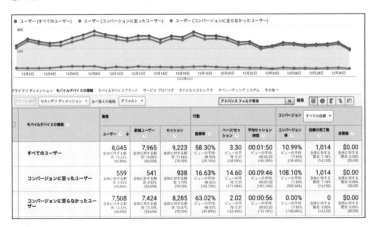

4　分析の観点を増やして高度な分析を「セカンダリディメンション」

■分析の観点をかけ合わせてより細かなデータを把握

　Gogole アナリティクスの画面はデフォルトではディメンション（分析の観点）が1つに対して、複数の指標（数値）が表示されています。

　例えば、先ほど「行動 > 離脱ページ」を説明した際に「前のページ遷移との関係が重要」とお伝えしましたが、デフォルトでは「ページ」しか表示されていません（図表109）。

【図表109　行動＞離脱ページレポート】

□	ページ		exit	↓ ページビュー数	離脱率
			33,296 全体に対する割合: 42.10% (79,095)	155,611 全体に対する割合: 36.65% (424,609)	21.40% ビューの平均 16.67% (14.87%)
□	1. /home		14,396 (43.24%)	38,939 (25.02%)	36.97%
□	2. /basket.html		5,008 (15.04%)	28,136 (18.08%)	17.80%
□	3. /store.html		2,866 (8.61%)	19,795 (12.72%)	14.48%

　このデフォルトの1つのディメンション（分析の観点）にもう1つのディメンション（分析の観点）を掛け合わせた細かい分析が可能な機能が「セカンダリディメンション」です。

■セカンダリディメンションを使った例

　セカンダリディメンションに「前のページ遷移」をかけ合わせることにより、「前のページ」と「対象ページ」の関係性を調査する分析ができるようになります（図表110）。

【図表110 「セカンダリディメンション」→「前のページ遷移」と選択】

【図表111 セカンダリディメンション機能時のレポート】

	ページ	前のページ遷移	exit	ページビュー数	離脱率
			17,319 全体に対する割合: 21.90% (79,095)	117,386 全体に対する割合: 27.65% (424,609)	14.75% ビューの平均: 18.63% (-20.80%)
	1. /home	/home	1,828 (10.55%)	5,120 (4.36%)	35.70%
	2. /basket.html	/basket.html	935 (5.40%)	7,172 (6.11%)	13.04%
	3. /ordercompleted.html	/ordercompleted.html	725 (4.19%)	1,197 (1.02%)	60.57%

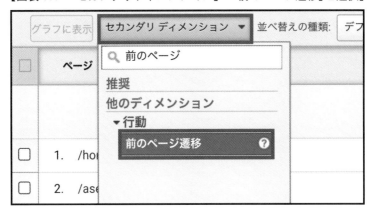

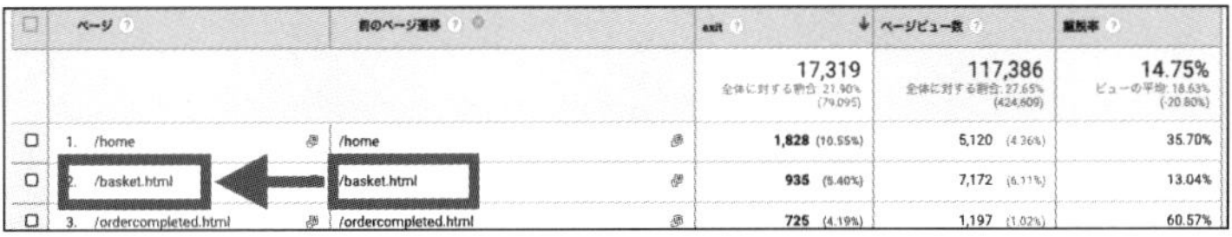

その他、ユーザー属性の中でも「性別レポート」に「年齢」のセカンダリディメンションを掛け合わせることで、「性別×年齢」のようにより具体的なユーザー情報に基づいた細かな行動分析ができるようになります（図表112）。

セカンダリディメンションを用いて、分析の幅を広げてみましょう。

なお、3つ以上のディメンションを掛け合わせたより高度な分析は、カスタムレポートの「フラットテーブル」で実現が可能です。最大で5つまでディメンションを掛け合わせることができます。

【図表 112　性別×年齢レポート】

	性別 ❓		年齢 ❓		集客
					ユーザー ❓
					3,92 全体に対する割 29.88% (13,1
☐	1. male		25-34		**780** (19.8?
☐	2. male		18-24		**606** (15.4?

グラフに表示　セカンダリ ディメンション:年齢　並べ替えの種類: デフォルト ▼

5　分析の基本「ファネル」を押さえて集客に依存しないサイト構築

■集客がすべてではない

「ウェブサイトで収益を上げるためには、たくさんの集客を促さないといけない」と多くの方が考えるでしょう。

もちろん集客を増やすことは重要なことでしょう。しかし、実は集客ばかりを強化しても、売上が上がることはありません。

キッチンの排水口をイメージしてみてください。排水口にゴミが詰まっている場合、どれだけ大量の水を流してもそこで水が止まり、逆流してしまいます。

大量の水をスムーズに流すためにはどうしますか？

排水口のゴミを取って水が流れるスペースを確保することで解決します。

■ファネル分析の考え方

これはウェブサイトも考え方は同様です。「ファネル分析」と呼ばれる各プロセスに細分化して改善策を出します。

重要なことは、まずはコンバージョンに近い「申し込みフォームの改善」さらに「回遊ページの改善」により、ユーザーが流れるスペースを拡げてあげることです。スムーズにユーザーが流れる環境をつくり、そこに集客で「ユーザー ≒ 水」を流し込みます。

そうすることで最終購入まで至るユーザー数の増加が見込めます。

排水口と同様にユーザーが流れる環境が整っていなければ、どれだけ集客を強化してもコストで終わってしまいます。

例えば、以下の状況を考えてみましょう。

・流入数：1万人

・直帰率：80％

・回遊離脱率：80％

　（申し込みフォームにたどり着く前に離脱をした割合）

・フォーム離脱率：80％

　（購入に至らず、申し込みフォームの段階で離脱をした割合）

この場合、直帰をしない人の数、つまり2ページ目以降を閲覧している回遊人数は、2000人という結果になります。

そしてお申し込みフォームにたどり着く人数は400人となり、最終的には80人が商品を購入することになります。

ここで考えていただきたいのは、集客以外のサイトの改善です。

図表113は、各割合を10％改善した場合のユーザー数の推移です。コンバージョンが「190」増えて「270」に上昇することがわかるでしょう。

結果的に338pt増加と、お申し込み数の大幅UPが実現します。

【図表 113　ファネル分析の例】

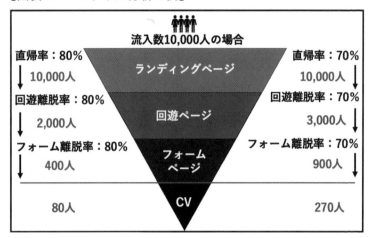

　これは集客数は全く一緒、つまり集客に頼らずにコンテンツの改善のみでコンバージョンを増やす例です。

■集客ばかりにこだわるとコストで終わる

　一般的にウェブサイトの売上を上げたいと考えるとき、「広告を出稿する」「SEOを施して検索順位をあげて流入を増やす」のように、集客を強化する手段を多くの方が考えます。

　しかし上記から「集客だけが利益を生み出すための手段ではない」ということに気づくでしょう。

　このファネル分析に則って各プロセスを改善することで、コンバージョンを最大化することができます。

　以下では、各プロセスのアクセス解析と改善方法をご紹介します。

　それぞれ特徴が異なるため、見るべき視点を押さえてサイトの改善へと役立ててください。

6 最初の入口「ランディングページ」の考え方

■ランディングページの見るべき視点

【ランディングページ】「ランディング＝着地」一番最初にサイトに入ってきたページです。

ここで見るべき指標は「直帰率」となります。直帰率は「1ページのみでサイトを離れる割合」のことです。「直帰数÷セッション数（閲覧開始数）」で算出します。100人中20人が1ページのみでサイトを離れた場合、直帰率は20％です。2ページ目以降を見てもらうためにも直帰を改善しなければなりません。

■ランディングページはトップページとは限らない

Amazonで商品を購入しようと思った際に、GoogleやYahoo!で「Amazon」と検索をしてAmazonのトップページに入った場合は、トップページがランディングページとなります。

しかし、欲しい商品があり、商品名で検索をして引っかかったサイトのリンクをクリックした飛び先がAmazonの「商品詳細ページ」の場合、その商品詳細ページがランディングページとなります。

つまり、どのランディングページが直帰率が高いのかを見極めて、改善すべきランディングページから手をつけていくことが求められます。

■改善すべきランディングページの発見方法

ここでは改善すべきランディングページの探し方を説明します。
① Googleアナリティクスの「行動 > サイトコンテンツ > ランディングページ」レポートを開きます。

②「直帰率」を押して直帰率の高い順に並べ替えを行います。

すると、ここである違和感に気づくでしょう。

【図表114　直帰率で並べ替えると「100%」ばかりになる】

	ランディング ページ		集客			行動			コンバージョン すべての目標 ▾		
			セッション	新規セッション率	新規ユーザー	直帰率 ↓	ページ/セッション	平均セッション時間	コンバージョン率	目標の完了数	目標値
			12 全体に対する割合: 0.00% (325,579)	65.90% ビューの平均:69.51% (-5.19%)	1 全体に対する割合: 0.00% (331,726)	40.74% ビューの平均:44.02% (-7.46%)	5.64 ビューの平均:5.27 (6.91%)	00:03:48 ビューの平均:00:03:22 (12.66%)	17.66% ビューの平均:15.53% (13.74%)	1 全体に対する割合: 0.00% (51,760)	$0.00 全体に対する割合: 0.00% ($0.00)
☐	1. /home reddit	🔗	1 (8.33%)	100.00%	1 (14.29%)	100.00%	1.00	00:00:00	0.00%	0 (0.00%)	$0.00 (0.00%)
☐	2. /shop.axd/loginform	🔗	1 (8.33%)	0.00%	0 (0.00%)	100.00%	1.00	00:00:00	0.00%	0 (0.00%)	$0.00 (0.00%)
☐	3. /shop.axd/submitorder	🔗	1 (8.33%)	0.00%	0 (0.00%)	100.00%	1.00	00:00:00	0.00%	0 (0.00%)	$0.00 (0.00%)
☐	4. /shop.axd/updatewishlist	🔗	1 (8.33%)	100.00%	1 (14.29%)	100.00%	1.00	00:00:00	0.00%	0 (0.00%)	$0.00 (0.00%)
☐	5. /shop.axd/wishlistreview	🔗	1 (8.33%)	100.00%	1 (14.29%)	100.00%	1.00	00:00:00	0.00%	0 (0.00%)	$0.00 (0.00%)

直帰率が高い上位ランディングページは「100%」が多くなります（図表114）。

これはセッションが1、つまり1回の訪問があり、その訪問で直帰をしたため「1 ÷ 1 × 100 = 100%」となっている状況です。

ここで考えていただきたいのは、「直帰率の改善にはコンテンツの改善が絡む」ということです。

直帰の原因として考えられるのは、

①「デザインが悪い」からサイトを離れた

②「コンテンツの内容が悪い（面白くない）」からサイトを離れた

③次のページへ行くための「導線が悪い」からサイトを離れた

などが考えられます。

つまり、サイトコンテンツを改善しなければ、直帰率の根本的な改善にはなりにくいということです。

そして、コンテンツの改善はサイトの改修が必要なため、時間を要します。仮にサイト制作業者に依頼している場合は、外注費用も発生します。

さて、たった1回の訪問のために「時間」と「お金」をかけてまでコンテンツの改善をする価値はあるでしょうか。その場合、直帰率は80％くらいだが、セッション（訪問）も多いページを改善しているほうが、サイト全体の直帰の改善インパクトが大きいことに気づくでしょう。

■「加重並べ替え」機能で改善インパクトの大きいページを探す

そんな改善インパクトの大きいランディングページを探すときに役立つ機能が「加重並べ替え」です（図表115）。

直帰率で並べ替えがされていることを確認の上、「並べ替えの種類＞加重」を押します。

【図表115 「加重並べ替え」で改善インパクトの大きいページを抽出】

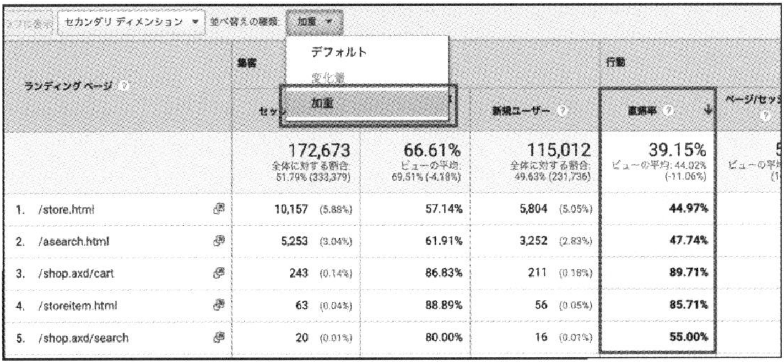

加重並べ替え後のデータを見てみましょう。「セッション（訪問）がある程度あり、直帰率も高めのページ」つまり「直帰率の改善インパクトが大きいページ」を表示させることができます。

そうすると、このページから順に改善することで、サイト全体の直帰率の改善につながることがわかります。

　ランディングページのレポートでは、直帰率の並べ替えだけでは改善すべきページを見つけにくい現状があります。加重並べ替え機能を使い、本当に改善すべきページはどこかを特定しましょう。

7　2ページ目以降を見たユーザーの行動を考える「回遊ページ」

■回遊ページの見るべき視点

【回遊ページ】直帰はせず、2ページ目以降を見てくれたページです。

　ここで見るべき指標は「回遊離脱率」となります。

　回遊離脱率とは「回遊はしてくれた、つまり2ページ目以降を見てくれたが、『フォーム』に遷移せずにサイトを離れてしまった割合です。

　「フォーム到達数÷（セッション数－直帰数）」で算出します。

　100人中20人がフォームにたどり着かずにサイトを離れた場合、回遊離脱率は20％です。

　いくら回遊数が多くても、コンバージョンに必要不可欠なフォームにたどり着かなければ、コンバージョンは発生しません。回遊ページのフェーズでは回遊離脱率を改善しなければなりません。

　どのページが回遊離脱率が高いのかを見極めて、改善すべき離脱ページから手をつけていくことになります。

■直帰と離脱は異なる

【離脱の定義】そのページを最後にサイトを離れたこと

　図表116を見てもらうと、左側が直帰、右側が離脱を表してい

ることがわかります。

図表116の左の図に着目してみましょう。左の図は直帰の例ですが、「このページを最後に離脱」しています。この場合は直帰が1であり、離脱も1が計測される、つまり直帰は離脱にカウントされるということです。

図表116のページAの離脱数の中には「直帰」も含まれているということになります。

【図表116　直帰と離脱の関係】

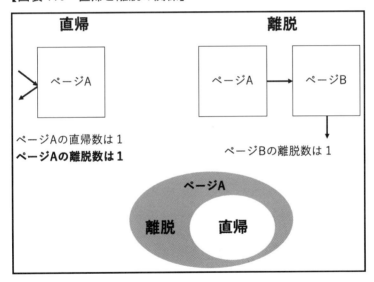

直帰というのは1ページしか見ていない、つまりランディングページに計測されます。

そうすると、ランディングページになりやすく直帰が多いページは必然的に離脱も多くなります。

■改善すべき回遊ページの発見方法

さて、回遊ページのプロセスの中で本当に改善したいことは「直帰はせず2ページ目以降を見てくれたが、申し込みフォームにたどり着かずに離脱した数が多いページを見つける」ことです。

つまり、直帰を除いた離脱数の多いページを探し出す必要があるということになります。

ここでは、直帰を除いた離脱数の多いページを探すときに役立つ「離脱改善指標」を用いて改善ページを探しましょう。

■「離脱改善指標」で改善インパクトの大きいページを探す

【離脱改善指標】「（離脱数 - 直帰数）^{2} ÷ ページビュー数」。

つまり「直帰を除いた離脱の多いページ」を探し出すことができます。※2乗は統計的に重みづけをするために付与

離脱改善指標はGoogleアナリティクスのデフォルトの指標には入っていないため、新たな指標として追加をしなければ出せません。

■計算指標とカスタムレポートを使って独自の計算式を反映させる

① Googleアナリティクスの左側メニューの一番下部「管理」をクリックします（図表117）。

②管理画面の一番右列内の「計算指標」をクリックします（図表118）。

③「新規計算指標」をクリックします。

④名前「離脱改善指標」、表示名「ridatsu_kaizen」とつけます（両方任意の名前で可）。

⑤計算式に次の式を入力します（図表119）。

({{exit}} - {{直帰数}}) * ({{exit}} - {{直帰数}}) / {{ページビュー数}}

⑥「作成」を押せば完了です。作成した離脱改善指標はカスタムレポートで使用することができます (図表120)。

【図表 117 「管理」をクリックして管理画面へ】

【図表 118 ビューの列より「計算指標」をクリック】

【図表 119 計算式に離脱改善指標を入力】

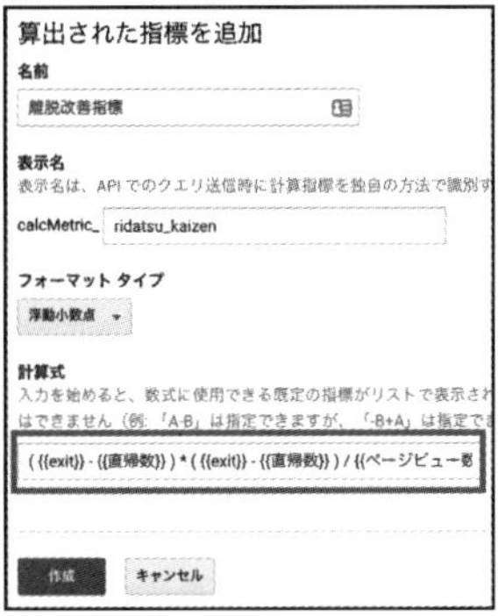

【図表120　計算指標はカスタムレポートで使用可能】

　離脱改善指標を使うことで「直帰を除いた離脱数の多いページ」に並べ替えて表示することができます（図表121）。

　つまり、離脱改善指標の数値の大きいページから順に改善することで、サイト全体の離脱率の改善につながります。

【図表121　離脱改善指標を使った例】

　離脱ページのレポートでは、離脱率の並べ替えだけでは改善すべきページを見つけにくい現状があります。

　離脱改善指標を使い、本当に改善すべき離脱ページはどこかを特定しましょう。

8 たどり着いたユーザーを逃さないための 「フォームの改善」

■フォームの見るべき視点

【フォーム】お申し込みフォームです。ここで見るべき指標は「フォーム離脱率」となります。

フォーム離脱率とは、「お申し込みフォームにたどり着いているものの、『お申し込み完了＝コンバージョン達成』せずにサイトを離れてしまった割合」です。

「コンバージョン数÷フォーム到達数」で算出します。

100人中20人がお申し込みを完了せずにサイトを離れた場合、フォーム離脱率は20％です。いくらお申し込みフォームのページに流入が多くても、申し込みを終えてコンバージョンしなければ意味がありません。

フォーム離脱率は平均で50％近くにのぼると言われており、多い場合では70％〜80％のフォーム離脱率のサイトもあります。

「お申し込みフォームまで到達すれば買ってくれる」そう過信してはいけません。お申し込みフォームを突破して購入完了まで至って初めて利益が生まれるため、このフォームで手を抜くと大きな機会損失につながります。

■フォーム改善の具体的方法

お申し込みフォームで離脱をさせないためのコツを紹介します。

①【入力項目を最小限にする】

特に必須入力項目が多い場合、ユーザーは「めんどうくさい」と

感じて離脱する傾向が高くなります。

　ユーザー負担を最小限にしてコンバージョンにつなげるためにも、入力項目は必要最小限に抑えることが鉄則です。

　また、「必須」と「任意」の項目は必ず示しておきましょう。

　よく「どこでこのサイトを知りましたか？」とアンケートを取るサイトを見かけますが、フォームでアンケートを取ることは極力避けるべきです。このアンケート1つで入力項目が増えてしまい、ユーザーストレスへと発展します。

　アンケートはコンバージョンした後でゆっくりと収集することができます。フォームの入力項目は必要最小限にしましょう。

【図表 122　必須項目はわかりやすく明示する】

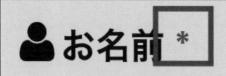

②【フォームに余計なリンクやボタンを配置しない】

　商品購入に関係のないリンクやボタンはフォーム自体が煩わしく見えるだけでなく、せっかくフォームに導いたユーザーを別のページへ遷移させてしまうリスクが発生する可能性が高まります。

③【文字や入力項目は大きく配置する】

　文字や入力項目が小さい場合、入力や確認がしづらく、ユーザーにとってはストレスへと発展します。

④【エラーをリアルタイムで通知する】

　入力が終わって購入ボタンを押した際に「エラー」が発生すると、

ユーザーは再度入力し直しとなりストレスへと発展します。

　入力エラーをリアルタイムに通知させることで、購入ボタンを押したらスムーズにコンバージョンできる仕組みを構築することも、フォーム離脱率を低減させるために非常に効果的です。

【図表 123　エラーはリアルタイムに表示する】

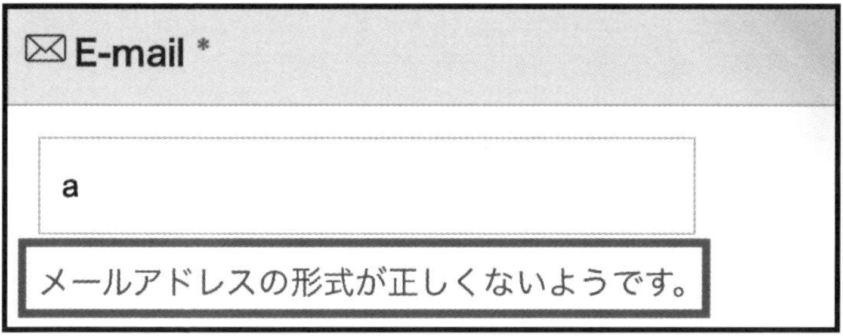

【図表 124　入力項目は必要最小限にしてシンプルなフォームへ】

　ほんの少しの気配りでフォーム離脱は防げます。

　以上の点に注意しつつ、ユーザーが悩むことなく購入完了できるフォームを作成するように心がけましょう。

　有料でEFO（Entry Form Optimization、入力フォーム最適化）ツールもリリースされています。EFOツールを導入することにより、「項目のどこで入力エラーがよく発生しているか」「どこまでユーザーが入力をして離脱したのか」などの詳細データを把握でき、フォームの改善に大いに役立てることができます。

9　Googleアナリティクスの見方と課題の見つけ方①「ゴールからの逆算」

■ Googleアナリティクスを見ていても、何をすればよいかわかりません

　よく聞かれる質問です。「Googleアナリティクスは導入しているけど、ページビュー数の増減や流入数ばかりを見ています。しかし、そこから何をどうすればよいかわかりません」

　Googleアナリティクスは導入しているだけでは意味がありません。さらに言うと、ページビュー数や流入数ばかりを見ていてもサイトの改善案は見えてきません。

　これらの数値データばかりを見ているのは「増えた・減った」の変化しかわからず、数値変動に対する自己満足で終わってしまいます。

　Googleアナリティクスを導入する目的は「数値から改善策を見つけ出す」ことです。

「その改善策の見つけ方がわからない、その数値から何を変えるべきかわからない」、その理由は「目標」を立てていないからでしょう。

　大事なことは、目標から「数値をどう変動させるか」を考えることです。

■ゴールから逆算して、今見るべき数値を算出する

　これを解決させる手段として「ゴールからの逆算」をしましょう。

　まずはゴールを立てます。例えば図を見てください。これはジュエリーショップのネット通販で「売上目標240万円を達成したい」とゴールを設定しています。

【図表125　ゴールから逆算して目標数値を算出する】

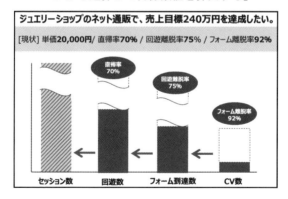

　このサイトの現状を下記とします。

　[現状] 単価20,000円 / 直帰率70% / 回遊離脱率75% / フォーム離脱率92%

　この場合、セッションをいくつにすれば目標を達成できるか？すべて逆算で答えを出すことができます。

　まず、売上 240 万円を達成するためには、商品単価が 2 万円の
ため、「240 万円÷ 2 万円＝ 120 件」の売上（CV）が必要となります。

　次にフォーム離脱率が 92％ということは、フォームを通過して
いる人、つまりコンバージョンしている割合は「100％－ 92％＝
8％」となります。ここから「120 ÷ 8％＝ 1500 件」のフォーム
到達数があれば、目標達成ができることがわかります。

　次に回遊離脱率が 75％ということは、離脱をしていない人、つ
まりフォームに到達している割合は「100％－ 75％＝ 25％」とな
ります。ここから、「1500 ÷ 25％＝ 6000 件」の回遊数があれば、
現状の数値で目標達成ができるということがわかります。

　最後に直帰率が 70％ということは、直帰をしていない人、つま
り回遊している割合は「100％－ 70％＝ 30％」となります。ここ
から「6000 ÷ 30％＝ 2 万」件のセッション数があれば、目標達
成ができるということがわかります。

【図表 126　逆算すれば「20000」セッションが不足していることがわかる】

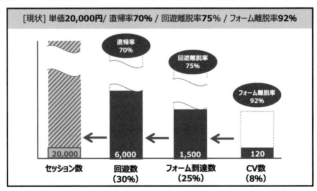

　こうして、すべてゴールから逆算して数値を出すことができます。

■逆算から Google アナリティクスをどう捉えるか

あらためて「Google アナリティクス」でなにを見て、どんな改善策を見つければよいのか？

この例ですと、現状のセッション数が「1万5000」であれば、残りの5000のセッションをどう獲得するのか、例えば「広告で獲得するのか」、それであれば広告経由の流入数を観測していくことになります。

「検索で獲得する」場合、検索から5000獲得するために「SEO」施策を実施します。それが5000の獲得に届いているのか、届いていないのであれば、SEO施策のブラッシュアップへと方針を固めることができます。

Google アナリティクスはただ見るだけではなく、ゴールから逆算して必要な数値を求めることにより、その数値を達成するために観察すべき数値を決める、そしてその数値を達成するために施策を実施する、という活かし方が重要です。

単に数値の変動を眺めていては意味がありません。意味のある数値を導き出し、その数値を目標に到達させるための改善策と観測を繰り返すことで、アクセス解析の本当の価値が生まれます。

10 Google アナリティクスの見方と課題の見つけ方② 「仮説検証／問題発見／対策立案」

■サイトの改善ポイントを見つける方法

「サイトのどこを改善すればよいかわかりません」といった質問も頻繁に受けます。

　サイトの改善点を見つけ出すためのフローは、図表127のとおりです。

① 【仮説検証】

　サイトを見ていく中で疑問に思ったこと（仮説）をデータ（Google
アナリティクス）で検証する。

② 【問題発見】

　検証で悪い数値が表れていれば、どこに原因があるのかを深堀り
して問題点を見つけ出す。

③ 【対策立案】

　見つけ出した問題を改善するための施策を考える。

【図表127　「仮説検証」「問題発見」「対策立案」が基本】

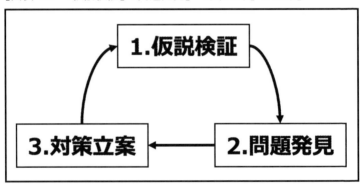

【仮説】

　まずはGoogleアナリティクスを見るのではなく、そのサイトを
一般のお客様として観察してみましょう。つまり、サイトを閲覧し
て、最終購入までを自分自身で試してみるということです。

　そして、観察する中で様々な違和感を感じるときが出てくると思
います。

例えば、「この商品説明だけではわかりにくい」「商品の写真がこの角度だとイメージしにくい」「購入方法が少しわかりづらいな」このように、自分自身が疑問に思ったことをまずはメモにすべて書き留めましょう。その上で検証のフローに移ります。

【検証】

　その疑問に思っていた箇所が「Google アナリティクス」に数値として表れているのかを確認します。

　「この商品説明だけではわかりにくい」⇒そのページで離脱が多く発生していないか？

　「購入方法が少しわかりづらいかな」⇒フォーム以外の別ページへ多く遷移していないか？

　つまり、仮説を Google アナリティクスのデータで検証をするということです。

【問題発見】

　検証で悪いデータを深堀りして確認していく中で、それが数値として表れているのであれば、どこに原因があるのかをさらに深堀りして問題点を見つけ出します。

【対策立案】

　問題点が見つかれば、その問題を改善するための施策を考えていく、という流れで見ていくようにしましょう。

　いきなり Google アナリティクスを見ていても、改善点はなかなか見えてきません。まずは一般ユーザーの視点でサイトを観察し、問題点を見つけるようにしてください。Google アナリティクスの数値を見るのはその後です。

　仮説データを検証することで「思ったとおり」「想定外」の気づきにつながり、さらに深掘りした分析へと発展していきます。分析の基本手順として押さえておきましょう。

■よい点は再現する施策、悪い点は改善する施策へ

　サイトの改善と言うと「悪い点のみを洗い出して改善する」、と思う方も多いです。しかし、決してそれだけではありません。よい点を見つけたのであれば、そこを徹底的に強化して伸ばすことにより、売上アップを実現することができます。

　例えば、メルマガをよく配信しているため「メルマガからの流入が多い」と仮説を立てて分析をした結果、Organic Search（自然検索）からの流入が多い事実が判明すれば、それは仮説から外れた「よい気づき」です。この場合はどのような検索クエリで流入しているのかを探り、そこを強化することでさらに多くの流入を獲得することができるようになります。

　一方、悪い点が見つかった場合は徹底的にその悪い原因を探ります。仮説では直帰率が50%と想定していたものの、60%の直帰が発生していた。それは仮説から外れた「悪い気づき」です。

　なぜ直帰率が高いのか、そもそも直帰率が高いランディングページはどこなのか、このように原因を「深堀り」し、問題点を改善する。その積み重ねの結果がサイト全体の改善につながります。

　このように悪い視点だけではなく、よい視点も分析対象に入れることで、分析の幅が大きく広がります。これは、仮説を立ててデータで検証するからこそ気づくことができるメリットです。

　仮説を立てない場合、「ページビュー数が増加した」「セッション数が減少した」といった分析結果に留まってしまいます。その状況では「単にアクセス解析ツールを導入している」だけの結果となり、改善案も浮かび上がってきません。

　仮説検証を基に、分析の視野を広げましょう。また、決して悪い点だけに着目するのではなく、よい点にも着目することを忘れないようにしましょう。

第5章

流入経路別にアクセスを増やす
「集客の秘訣」

1　集客強化の方針

■集客は大分類のチャネルから

　集客と言えば「SEO」「広告」を真っ先に思い浮かべる方も多いと思います。しかし、サイトに流入してくる経路は多種多様であり、その経路ごとに掴むべき特徴や対策も変わってきます。この章では、各流入経路ごとに見るべき視点をお伝えしていきます。

　まず、集客の解析をする際の手順として、Googleアナリティクスの「集客 > すべてのトラフィック > チャネル」から確認しましょう。「チャネル」とは、集客の中で最も大きな大分類となります。

　そして、セッション数、直帰率、コンバージョン率などに着目し、集客として「どこが強いのか」「どこが弱いのか」を確認します。

　強いところはさらに強化する、弱いところは深堀りをして問題点を洗い出す、という全体の方針を決めることが重要です。

■参照サイトから見ると改善インパクトが小さくなる理由

　多くの方が「集客 > すべてのトラフィック > 参照サイト」を閲覧し、どこのサイトから流入しているかを見る傾向にあります。個々のサイトからの流入を確認する作業も重要ですが、「○○サイトからの流入が多いね」と一喜一憂していてもどうしようもありません。

　参照サイトは最も小さい分類です。個々のサイトからの流入強化を狙っても、その改善自体が目標に到達する見込みは小さくなります。

　反面、大分類のチャネルは目標に最も近い分類になるため、「どのチャネルを強化すれば目標到達できるか」を考え、そこから深堀りをして強化すべき改善策を出します。

【図表 128　目標に近い「チャネル」から分析】

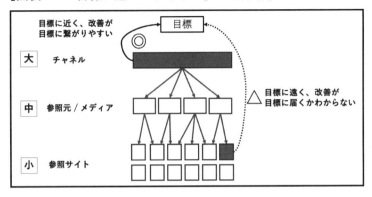

例えば、「Social が想定よりも低い、では Social の中でどこに問題があるのだろう？」⇒「深堀りすると Facebook からの流入は多いが、Twitter からの流入が思ったより伸びていない」⇒ Twitter の投稿数アップと投稿コンテンツ見直しにより、Twitter からの流入数増加を狙う、といった考え方です。

まずは大分類の「チャネル」から強化すべき方向性を決めましょう。

2　到達意図の解析

■経路とランディングページの関係性を見る

これから説明していく集客の分類で大切なことは「流入経路とそのランディングページ」です。

「自然検索から A ページに流入してきた」「SNS から B ページに流入してきた」のように、どの集客分類からどのページにランディ

ングしているのかが非常に重要になります。

「流入経路とランディングページのコンテンツや関係性が合っているのか」を見ていくと、コンバージョン率も大きく変わっていることがわかります。

■セカンダリディメンションを使ってかけ合わせた分析

流入経路をランディングページと掛け合わせて分析するためには、Googleアナリティクスの「セカンダリディメンション」を使いましょう。

「どの経路からどのランディングページに流入したときにコンバージョン率が高いのか」または「どの経路からどのランディングページに流入したときに直帰するユーザーが多いのか」というデータが見えてきます。

同じ Social の分類でも、ランディングページによってコンバージョン率や直帰率は変わります。

流入経路とランディングページをかけ合わせて分析することで、経路の強化と導くべランディングページの発見につながります。

【図表 129　「流入経路」と「ランディングページ」のかけ合わせ】

Default Channel Grouping		ランディング ページ		集客			行動
				ユーザー ↓	新規ユーザー	セッション	直帰率
				6,520 全体に対する割合: 51.17% (12,741)	5,234 全体に対する割合: 47.50% (11,018)	7,478 全体に対する割合: 49.88% (14,992)	4 ビューの平
1.	Direct	/home		3,999 (58.87%)	3,353 (64.06%)	4,415 (59.04%)	
2.	(Other)	/home		676 (9.95%)	428 (8.18%)	776 (10.38%)	
3.	Direct	/asearch.html		401 (5.90%)	339 (6.48%)	412 (5.51%)	
4.	Affiliates	/home		298 (4.39%)	253 (4.83%)	330 (4.41%)	
5.	Direct	/basket.html		243 (3.58%)	129 (2.46%)	271 (3.62%)	

ここからは各流入経路の分析の観点と対策を見ていきましょう。

3 オーガニック検索の分析方法

■一般的にコンバージョン率が高い自然検索

「自然検索」、これは Google や Yahoo! などの検索エンジンから
ユーザーが検索をして流入した際に分類されます。

自然検索の場合、ユーザーは目的があってその「キーワード」で
検索をして流入してくるため、コンバージョン率は一般的に高くな
る傾向があります。これが検索で上位表示させるための施策「SEO」
が重要だと言われる理由です。

検索流入の規模により、売上は大きく変動します。

■クリック率と掲載順位の見るべき視点

「Google アナリティクス > 集客 > Search Console > ランディング
ページ」を見ます。

①【クリック率】

検索結果画面に表示された際のクリック率です。クリック率が低
い場合は「タイトル」「meta description」の見直しを検討しましょう。

低い場合は「タイトルに魅力がないからクリックしない」「ページ
の説明文がわかりにくいからクリックしない」などが考えられます。
実際にどのように表示されているかを確認する必要があります。

【図表 130　検索結果画面のタイトルの見え方】

「わかるから成果が見える」 | 株式会社トモシビ

計画策定 / アクセス解析 / 設定代行 / 改善提案 / レポート設計　「わかるから成果が見える」
『専門用語は使わずにわかりやすく説明』　マーケティングファネル / アトリビューション / イ
ンタラクション設計 ... このような業界特有の専門用語は使わずに「わかりやすい言葉」に置き
換えてご説明します。

②【掲載順位】

低い場合は SEO 対策で上位表示化を狙います。

※第6章 SEO の章で後述。

■検索クエリの見るべき視点

「Google アナリティクス > 集客 > Search Console > 検索クエリ」
を見ます（図表 131）。

あるキーワードで検索された際の表示回数やクリック率、平均掲
載順位を確認できるレポートです。

検索クエリからサイトに流入しているユーザーのニーズを把握す
ることができます。

また、掲載順位が低い場合は SEO 対策で上位表示化することで、
より多くの流入を獲得できます。

【図表 131　集客＞ Search Console レポート】

検索クエリ	クリック数	表示回数	クリック率	平均掲載順位
	9,163 全体に対する割合：%70%（11,899）	1,098,584 全体に対する割合：91.90%（1,205,549）	0.83% ビューの平均：0.90%（-15.78%）	
1.　株式会社トモシビ	1,529 (16.69%)	333,669 (30.37%)	0.46%	
2.　facebook広告 出稿代行	1,213 (13.24%)	91,074 (8.29%)	1.33%	
3.　gaiq 講座	501 (5.47%)	57,332 (5.22%)	0.87%	
4.　google アナリティクス 講座	341 (3.72%)	5,383 (0.49%)	6.33%	
5.　ECコンサルティング	289 (3.15%)	1,246 (0.11%)	23.19%	
6.　seo 施策	184 (2.01%)	42,113 (2.83%)	0.44%	

■ Google マイビジネスによる自然検索の増加を狙う

Google マイビジネスを活用して Google 検索からの流入を増加さ
せることができます（図表 132,133）。

Google マイビジネスとは、サイト情報を登録することで、
Google 検索や Google マップでその情報を表示させることができる
無料サービスです。

【図表 132　Google マイビジネス（ＰＣ表示）】

【図表 133　Google マイビジネス（スマホ表示）】

「ラーメン」「うどん」「居酒屋」など、飲食店を検索する際に上記のような別枠の案内を見たことがある方も多いと思います。

これが Google マイビジネスで、無料登録をすれば関連キーワードや所在地によってユーザーに表示をさせる、集客効果には非常に大きなサービスです。

Google マイビジネスは実店舗だけではなく「非店舗型」サービスも登録ができます。

ここでは Google マイビジネスの登録方法を紹介しますので、Organic Search からの流入増加のために必ず登録をしておきましょう。

① Google マイビジネスにアクセスし、「今すぐ開始」をクリック（図表134）

【図表 134 「今すぐ開始」をクリック】

②「ビジネスの名前を入力」にビジネス名やサイト名を入力 (図表135)

③「ビジネスカテゴリ」を入力します。

【図表 135 「ビジネスの名前を入力」】

④検索窓にキーワードを入力すると候補が表示されます。最も近い
　ものを選びましょう (図表 136)。

【図表 136 ビジネスのカテゴリを指定】

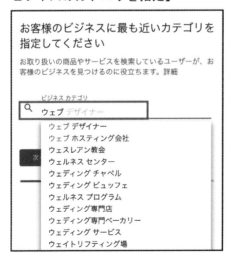

⑤次の画面では、店舗型の場合は「はい」、非店舗型（サイトのみ
　で運営）の場合は「いいえ」を選択します (図表 137)。

【図表 137　店舗型 or 非店舗型を選択】

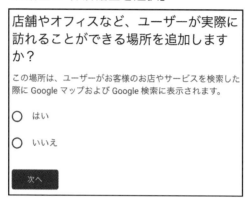

「はい」を選択の場合は住所の入力に移ります。

　ここで入力された住所が Google マップ検索にヒットし、ピンで
表示されます (図表 138)。

【図表 138　店舗型設定時の Google マップ表示例】

「いいえ」を選択した場合はピン表示ではなく地域表示となります。今回は「いいえ」を選んで地域表示をさせてみましょう。

【図表 139　非店舗型設定時の Google マップ表示例】

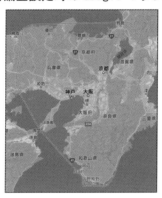

⑥「サービス提供地域」を指定します。複数エリアの指定が可能、
　省略も可能です (図表 140)。

【図表 140　非店舗型時はサービス提供地域を指定】

⑦「連絡先の電話番号」または「サイトの URL」の入力が必須になります。ここではウェブサイト URL を入力しましょう (図表 141)。

【図表 141　電話番号 or サイトの URL を入力】

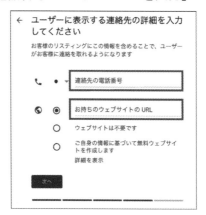

⑧以上で登録自体は完了です。

続いて「オーナー確認」に移ります (図表 142)。

【図表 142　オーナー確認】

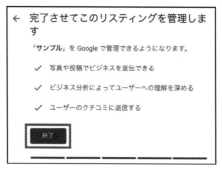

⑨オーナー確認は Google から郵送されるはがきに記載の「確認コード」を入力して完了となります。はがきを受け取るための住所を入力します。

※ここで入力した情報はウェブ上に公開はされません。はがきを受け取るためだけの住所入力なので、ご自宅で結構です。

【図表 143　はがき受取り先の住所】

　「連絡先の名前」に郵送の宛名を入力し、「郵送」ボタンを押せば完了です。はがきは手元に届くまで最大で 19 日間ほどかかります。届き次第はがきに記載の「確認コード」を入力して、すべての登録完了となります。

【図表 144　宛名が異なるときは必ず入力】

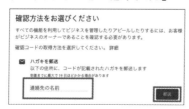

⑪ Google マイビジネスに登録が完了すれば、管理画面から操作が
できます。オーナー確認が完了すれば「お客様のビジネスは Google
で公開されています。」と表示され、実際の表示も確認できます。

　左メニューではビジネス情報や表示する画像の設定、クチコミの
管理などが可能です。

　ここで設定した項目は検索結果のヒットに影響があります。多く
の方に検索経由で流入してもらえるように、最低限ビジネス情報と
画像は設定しておきましょう（図表 145）。

【図表 145　Google マイビジネス管理画面】

4　ソーシャルの分析方法

■ SNS では過度な宣伝は厳禁

　Facebook、Twitter、LINE、Instagram、最近では SNS が重要な位
置づけを示しています。SNS で流入を増やす際は投稿内容に注意です。

SNSは本来「コミュニケーションを楽しむための場所」です。そこで過度の営業活動を行うことはコミュニケーションの場を乱す行為となり、逆にユーザーからの評判（エンゲージメント）が下がる傾向にあります。

　ひたすらに投稿されるリンク付きの営業投稿を見たとき、あなたは何を感じますか？　フォローはもちろん、知人や友人にシェアしたいとはなかなか思えないのではないでしょうか。

　コミュニケーションという場を活かすには、ユーザーにとって有益な情報を発信することが求められます。

　つまり、売上を狙った投稿よりもユーザーが興味を抱きやすい、求めている情報を投稿することで、フォローやシェア、そしてその先の流入とコンバージョンに結びついてくることになります。

　過度な投稿は印象を悪くするリスクがあります。

■ SNSの見るべき視点

　どのSNSから、どのランディングページにやってきたのかを計測します。そのうえで、ユーザーがどのような利用シーンで、どのような意図で流入してきたのかを推測していきます。

　また、SNSによりユーザーの利用シーンは異なります。SNSによって「評判のよいコンテンツ」が変わってくるということです。

　Twitterは実名性が低く、リツイート機能により簡単にシェアできる点から、拡散力が高いことが特徴です。一方、匿名同士の交流が多く、投稿の信用度としては低いと判断されやすく、コンバージョン率はあまり高くない傾向にあります。

　Facebookは原則実名登録ゆえ、シェアの信頼度は高まる傾向にあります。ただし、シェア機能で多くの拡散を期待できても、実名性のため、シェアしたいと思える投稿でなければ拡散されません。

【図表 146　各 SNS の特徴】

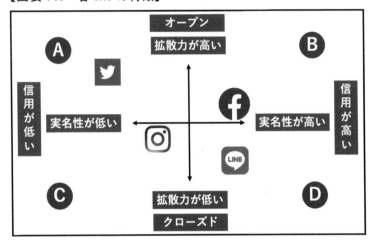

　LINE は実名性が高く、主に近い知り合い同士でコミュニケーションを取るクローズドな SNS です。拡散力は期待しにくいものの、信頼できる知人からのシェアには安心して興味を抱く傾向が高いです。コンバージョン率も高い傾向にあります。

　Instagram は「リポスト」によるシェア機能は存在しますが、リポストまでに 3 ステップほど必要なため、Twitter や Facebook のように拡散力は望めません。しかし、実名性が低いため魅力的な写真を投稿できる方であればシェアの期待は高まります。

　各 SNS によりユーザーの傾向は異なるため、今投稿しようとしている内容がどこに適しているのかを見極めて投稿しましょう。

■ユーザーの声はサイトコンテンツの改善に活かす

　時間帯をかけ合わせた分析も行うことで、さらに具体的にユーザーの利用シーンが見えてきます (図表 147)。

【図表 147 「SNS」と「ランディングページ」、「時間」の掛け合わせ】

Default Channel Grouping (デフォルト チャネル グループ)	参照元 ?	ランディング ページ ?	時間帯 ?	セッション ↓ ?	ユーザー ?	直帰率 ?	ページ/セッション
1. Social	t.co	/store.html	2020082713	43 (1.03%)	43 (1.01%)	60.47%	4.58
2. Social	youtube.com	/home	2020060100	26 (0.62%)	26 (0.61%)	92.31%	1.12
3. Social	facebook.com	/home	2020022200	15 (0.36%)	14 (0.33%)	46.67%	1.60
4. Social	facebook.com	/home	2020022122	14 (0.34%)	14 (0.33%)	35.71%	1.86
5. Social	l.facebook.com	/home	2020082601	12 (0.29%)	10 (0.23%)	75.00%	2.25
6. Social	m.youtube.com	/home	2020060100	12 (0.29%)	12 (0.28%)	83.33%	1.25

　SNS はユーザーの興味・関心の感情が顕著に表れる媒体です。

　つまり、ユーザーの「リアルな声」を聞けるということになります。

　シェアされた際の投稿にユーザーの願望、例えば「○○だったらよいのに」「○○機能はついているかな？」があれば、その説明をサイトのコンテンツに反映するなど、積極的にユーザーの声をサイトの改善に活かすようにしましょう。

5　参照元サイトの分析方法

■なぜリンクされているのかを明確にしましょう

　「Referral」は外部サイトからの流入です。

　外部サイトからの流入のため、「どのようなサイトから」「どのような紹介のされ方で流入をしているのか」が重要になります。

　よい紹介のされ方で流入しているのであれば、その外部サイトへリンクの強化を依頼することも、流入を増やすための1つの手段です。反対に悪い評判で流入しているのであれば、その悪い原因を改善する必要があります。

　よくも悪くも何かしらの意図があって自分のサイトにリンクがされているわけです。その真意を確認し、商品やサイトコンテンツの改良に活かしていくことが重要です。

■流入元の外部サイトを見る方法

　ここでは、外部サイトでどのように紹介されているのかを簡単に把握できる手法を説明します。

①「Google アナリティクス > 集客 > すべてのトラフィック > チャネル > Referral」をクリックします（図表 148）。

【図表 148　「Referral」をクリック】

Default Channel Grouping	集客			行動				コンバージョン すべての目標 ▼	
	ユーザー	新規ユーザー	セッション	直帰率	ページ/セッション	平均セッション時間	コンバージョン率	目標の完了数	
	16,413 全体に対する割合 100.0% (16,413)	15,028 全体に対する割合 100.19% (15,001)	57,957 全体に対する割合 100.00% (57,957)	18.85% ビューの平均 18.85% (0.00%)	6.67 ビューの平均 6.67 (0.00%)	00:03:54 ビューの平均 00:03:54 (0.00%)	1.94% ビューの平均 1.94% (0.00%)	1,127 全体に対する割合 100.00% (1,127)	
1. Direct	10,081 (60.49%)	9,548 (63.53%)	30,488 (52.60%)	22.84%	5.97	00:03:28	1.63%	498 (44.19%)	
2. Organic Search	4,126 (24.76%)	3,648 (24.27%)	13,255 (22.87%)	13.26%	7.08	00:04:11	2.57%	340 (30.17%)	
Referral	2,217 (13.30%)	1,673 (11.13%)	11,233 (19.38%)	13.59%	7.85	00:04:14	2.11%	237 (21.03%)	

②セカンダリディメンションで「参照 URL」を選択します (図表 149)。

③「参照元」に外部サイトのドメイン、「参照 URL」に詳細ページ URL が表示されます (図表 150)。

④あとは「外部サイトドメイン＋詳細ページ URL」をコピーして検索窓に貼り付ければ、実際にリンクが貼られているページを表示できます。

　この手順を踏むことで、外部サイトでどのような紹介でリンクされているのかを見ることができます。

　必ず意図があってリンクされているため、どのようにリンクされているのかを確認して改善に活かしましょう。

【図表 149 「参照 URL」を選択】

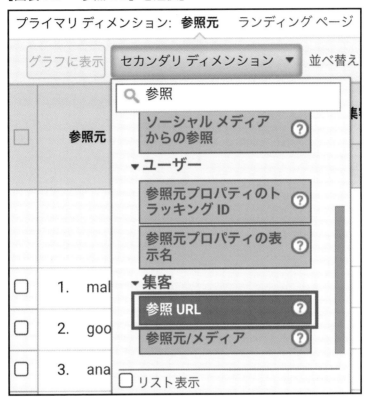

【図表 150 リンクが貼られているページの確認方法】

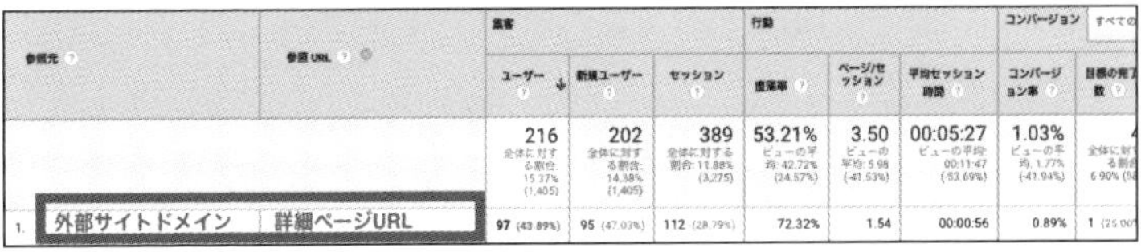

6　Direct の分析方法

■ Direct になる理由

「Direct」は「ノーリファラー」とも呼ばれ、言葉のとおり「リファラー＝流入元」がない分類です。

これは「どこから入ってきたのかわからない」ため、分析が非常に難しい流入です。言ってみれば「お店に急に来ていた」ようなものです。

ノーリファラーになる原因はいくつかあります。

①ブックマークや履歴からの訪問

② URL をブラウザのアドレスバーに直接入力した場合

③掲示板の書き込みリンクからの訪問

④ SSL で暗号化されているページから、暗号化されていないページへ遷移した場合

⑤セキュリティソフトでサーバーへリファラー情報の送信を禁止している場合

⑥アプリケーション経由

⑦メール本文に記載されているリンクからの訪問

特に近年はスマホの普及により「⑥アプリケーション経由」からのノーリファラーが増えています。Facebook や Twitter などの一部アプリを除き、LINE などのスマホアプリからの流入はノーリファラーになります。

また、「⑦メール本文に記載されているリンクからの訪問」こちらも注意が必要です。

Web メール（Gmail や Yahoo! メールなど）を除き、パソコンイ

ンストール型ソフト（Windows Live メール、Outlook など）のメルマガ経由のリンクは Email に分類されず、ノーリファラーになります。

様々なケースでノーリファラーに分類されますが、言葉のとおり参照元が取れないため、分析が非常に困難です。

しかし、Direct とは言え「どのページに流入してきたのか」は把握できます。つまり､想像にはなりますが「どのような意図により、Direct でやってきたのか」を推測する必要があります。

■ Direct の見るべき視点

ノーリファラーの流入に「ランディングページ」と「デバイス」をかけ合わます。

①「Google アナリティクス > 集客 > すべてのトラフィック > チャネル > Direct」をクリックします（図表 151）。

【図表 151 「「Direct」をクリック】

Default Channel Grouping	集客			行動			コンバージョン
	ユーザー	新規ユーザー	セッション	直帰率	ページ/セッション	平均セッション時間	コンバージョン率
	1,405 全体に対する割合: 100.00% (1,405)	1,413 全体に対する割合: 100.57% (1,405)	3,275 全体に対する割合: 100.00% (3,275)	42.72% ビューの平均: 42.72% (0.00%)	5.98 ビューの平均: 5.98 (0.00%)	00:11:47 ビューの平均: 00:11:47 (0.00%)	1.77% ビューの平均: 1.77% (0.00%)
1. Direct	758 (51.53%)	766 (54.21%)	2,008 (61.31%)	35.91%	6.88	00:13:34	2.44%
2. Organic Search	287 (19.51%)	258 (18.26%)	563 (17.19%)	47.42%	5.63	00:11:57	0.18%
3. Referral	216 (14.68%)	202 (14.30%)	389 (11.88%)	53.21%	3.50	00:05:27	1.03%

②セカンダリディメンションで「デバイス カテゴリ」を選択します (図表 152)。

③以上で「どのページに」「どのデバイスで」直接流入しているのかを把握できるようになります（図表 153)。

【図表 152 「デバイスカテゴリ」を選択】

【図表 153 「ランディングページ」と「デバイスカテゴリ」のかけ合わせ】

ランディング ページ	デバイス カテゴリ	セッション	新規セッション率	新規ユーザー	直帰率	ページ/セッション	平均セッション時間
		7,478 全体に対する割合: 49.8% (14,992)	69.99% ビューの平均: 73.49% (-4.75%)	5,234 全体に対する割合: 47.51% (11,017)	45.59% ビューの平均: 51.53% (-11.53%)	5.40 ビューの平均: 5.00 (8.04%)	00:03:31 ビューの平均: 00:03:02 (15.67%)
1. /home	desktop	4,677 (62.54%)	69.15%	3,234 (61.79%)	43.43%	5.57	00:03:44
2. /home	mobile	1,064 (14.23%)	85.71%	912 (17.42%)	49.15%	3.58	00:01:56
3. /asearch.html	mobile	289 (3.86%)	89.97%	260 (4.97%)	76.47%	1.69	00:00:32
4. /signin.html	desktop	227 (3.04%)	40.53%	92 (1.76%)	15.42%	11.86	00:07:43
5. /basket.html	desktop	218 (2.92%)	32.11%	70 (1.34%)	31.69%	12.70	00:09:04

■ Direct はどのページにランディングしているかが重要

Direct はサイトや商品に興味を持ったユーザーが行ったブックマークからの流入を多く占めるため、一般的にコンバージョン率は高くなります。

「パソコンでこのページにランディングしているということは、商品に興味があってブックマークして流入しているのではないか」

どのような意図で直接流入しているのかを考え、特にコンバージョン率が悪いページを見つけたときは「次のページへ遷移するための導線が悪いのではないか」を検討してみましょう。

※なお、「パラメーター」を使うことで、本来 Direct に分類される一部流入を変更し、適切な分類へと仕分けることが可能です。パラターメーターについては後述します。

7 メールの分析方法

■ Email 流入を分析することで、メルマガの戦略が見える

メルマガを目的別に分類し、「どのメルマガからの流入が多いか」「どのメルマガからの反応がよいか」この2点を確認しましょう。

メルマガを目的別に分類することで反応が見えるようになります。

・新商品の告知

・割引

・商品活用事例

それぞれメルマガの目的が違います。そして、「メールを開かない」「メルマガからサイトへ来たけど直帰した」「メルマガ経由で商品を購入した」など、メルマガの目的が違えば受信したユーザーの反応

も変わります。

　闇雲にメルマガの記事を作成していませんか？

　「このような記事を書けば反応がよいのか」この気づきさえ生まれれば、「反応のよかったコンテンツをベースにして記事を書いていこう」、このように戦略を立てることができます。

　メルマガの記事を作成するのは思った以上に時間と労力がかかります。ましてや、その記事の「反応がよいのか、反応が悪いのか」、効果測定をしなければメルマガの成果も見えず、「ただなんとなく記事を書き続けている」という状況に陥ります。

　メルマガ経由の売上を上げていくため、そして記事作成を少しでも効率化するために「どんな記事の反応がよいのか」を把握する方法について説明します。

■ Email の分析の方法

①「Google アナリティクス > 集客 > すべてのトラフィック > チャネル > Email」をクリックします（図表 154）。

【図表 154 「Email」をクリック】

Default Channel Grouping	集客	
	セッション	新規セッション率
	144,645 全体に対する割合: 100.00% (144,645)	55.93% ビューの平均: 55.87% (0.11%)
1. Organic Search	87,393 (60.42%)	59.22%
2. Direct	23,157 (16.01%)	62.94%
3. Paid Search	9,887 (6.84%)	42.32%
4. Social	8,317 (5.75%)	56.81%
5. Email	7,364 (5.09%)	36.99%
6. Referral	5,545 (3.83%)	32.26%

②セカンダリディメンションで「キャンペーン」を選択します（図表 155）

【図表 155 「キャンペーン」を選択】

③以上でメルマガからの流入を「目的ごと（キャンペーン）」に抽
出でき、各キャンペーンごとの反応の違いを分析できるようにな
ります（図表 156）。

【図表 156 「ランディングページ」と「キャンペーン」のかけ合わせ】

ランディングページ	キャンペーン	セッション	新規セッション率	新規ユーザー	直帰率	ページ/セッション	平均セッション時間	
		688 全体に対する割合 4.53% (14,932)	80.52% ビューの平均 73.84% (9.58%)	554 全体に対する割合 5.03% (11,017)	71.08% ビューの平均 51.53% (37.94%)	2.24 ビューの平均 5.00 (-55.23%)	00:01:53 ビューの平均 00:03:02 (-37.97%)	19
1. /home	Data Share Promo	330 (47.97%)	76.67%	253 (45.67%)	66.67%	2.40	00:02:31	
2. /home	MIX｜Txt – AW - T-shirts (set 3)	63 (9.16%)	95.24%	60 (10.83%)	77.78%	1.48	00:00:11	

　ところが、上述のとおり、メルマガからの流入は「パラメーター」をつけなければ、Web メール以外からのメールのリンクは原則「Direct」に分類されてしまいます。

　メルマガを目的ごとに分類し、解析ができる環境のために「パラメーター」の作成方法について解説します。

8　分類を仕分けして解析しやすい環境を「URL 生成ツール」

■パラメーターとは

　パラメーターとは、URL の後の？以降部分を指します。

https://tomo-shibi.co.jp/?utm_source=melmaga&utm_medium=email&utm_campaign=campaign1

　これはシステムへ情報を渡すために用いられる技術であり、元のURL の表示に影響はありません。

① https://tomo-shibi.co.jp/

② https://tomo-shibi.co.jp/?utm_source=melmaga&utm_　medium=email&utm_campaign=campaign1

※①と②はどちらも表示されるページは同一です。

　今回は「URL 生成ツール」と呼ばれる Google 公式のパラメーターツールを使い、Google アナリティクスに情報を渡す（集客の仕分け）方法を紹介します。

■ URL 生成ツールを使ったパラメーター生成方法

①検索エンジンで「URL 生成ツール」と検索をします。

②「Google アナリティクスヘルプ」内の「Google アナリティクスキャンペーン URL 生成ツール」をクリックします（図表 157）。

【図表 157　「URL 生成ツール」をクリック】

す。ウェブサイト、Google Play ストア、Apple App Store の URL はそれぞれ少しずつ異なるため、正成ツールを使用してください。

・ Google アナリティクス キャンペーン URL 生成ツール: ウェブサイトへの URL を生成します
・ Google Play の URL 生成ツール: Google Play ストアのアプリへの URL を生成します
・ iOS キャンペーン トラッキング URL 生成ツール: Apple App Store のアプリへの URL を生成します

③「Campaign URL Builder」内の必須項目に入力します。今回はメルマガの場合を例とします。

【Website URL】飛ばしたいリンク先（任意の URL）

【Campaign Source】melmaga（任意の名称）

【Campaign Medium】「email」を指定

【Campaign Name】目的（キャンペーン）名（任意の名称）

【図表 158　パラメーター設定画面】

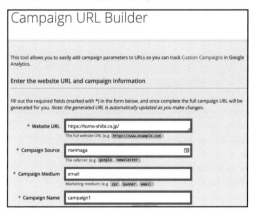

④入力後に下へスクロールすると、パラメーター付きの URL が生
成されています（図表 158）。Bitly と連携をすれば短縮 URL で
の出力も可能です。

　この URL をメルマガのリンクとして指定することにより、Web
メール以外のメールソフトからの流入も「Email」へと分類するこ
とが可能になります。

【図表 159　生成された URL をリンクに指定】

Share the generated campaign URL

Use this URL in any promotional channels you want to be associated with this custom campaign

https://tomo-shibi.co.jp/?utm_source=melmaga&utm_medium=email&utm_campaign=campaign1

☐ Set the campaign parameters in the fragment portion of the URL (not recommended).

📋 Copy URL　　🔗 Convert URL to Short Link

【図表 160　短縮 URL も可能】

Share the generated campaign URL

Use this URL in any promotional channels you want to be associated with this custom campaign

https://bit.ly/3pj1tm7

☐ Set the campaign parameters in the fragment portion of the URL (not recommended).

📋 Copy URL　　↻ Show full URL

■メルマガはパラメーターをつけないと解析できない

　「メルマガを配信しているのに、一向に Email の流入が増えない」
そのような悩みもよく聞きます。

　それは、このパラメーターを使って集客の分類を適切に指示して

いないからです。

　また、上述したとおりメルマガは目的別に解析を行い、反応のよいコンテンツを探すことが重要です。

　しっかりとパラメーターを付けて集客の分類と目的別の収集を行い、適切な集客の解析が行えるように備えてください。

9　その他のパラメーターの活用方法

■ Google マイビジネスの流入分類は？

　オーガニック検索の集客で「Google マイビジネス」を紹介しました。

　Google マイビジネスは検索結果画面に表示がされるため、「Organic Search」の流入に分類されることは十分におわかりだと思います。

　しかし、気をつけなければならないことは「Organic Search」には分類されますが「Google マイビジネス」からの流入とは計測されない、ということです。

　Google マイビジネスからの流入は、Google アナリティクスでは次のように計測されます。

【Google マイビジネスの流入】

　チャネル：Organic Search

　参照元 / メディア：google / organic

　これは、Google 検索（自然検索）から流入してきた場合と同様の計測です。

　つまり、Google マイビジネスは導入したものの、Google アナリ

ティクス上の「Organic Search」が「Google 検索（自然検索）」による流入か、「Google マイビジネス」による流入かどうかの判断ができないことを意味しています。

　どちらも検索エンジンからの流入に違いはありません。しかし、せっかくなら流入を特定して Google マイビジネスの成果を確認したいと思うはずです。

　そんなときにはパラメーターを使って、集客の分類を仕分けして分析しやすくしましょう。

■ Google マイビジネスもパラメーターを使って流入を特定

①「Campaign URL Builder」内の必須項目に以下を設定します。

　　【Website URL】飛ばしたいリンク先（任意の URL）

　　【Campaign Source】gmb（任意の名称）

　　【Campaign Medium】「organic」を指定

　　【Campaign Name】キャンペーン名（任意の名称）

※筆者は Campaign Source を「gmb(Google My Business)」としていますが、わかりやすい任意の名称で結構です。

【図表 161　パラメーター設定画面】

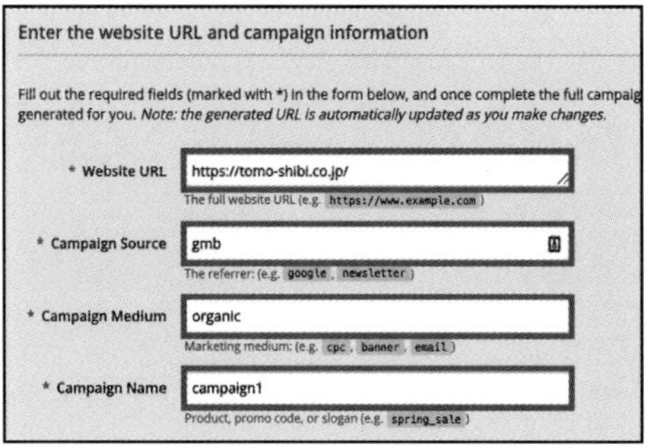

②生成されたパラメーター付き URL をコピーし、Google マイビジネスにログインします。

③左メニュー「情報」をクリックし、表示された画面内の URL 部分をパラメーター付き URL へと書き換えれば作業は完了です。

【図表 162　生成された URL をリンクに指定】

④「Google アナリティクス > 集客 > すべてのトラフィック > 参照元 / メディア」レポートにて、画像のように Google の「自然検索」と「Google マイビジネス」の分類が分かれて表示されていることがわかります。

【図表 163　Google マイビジネスからの流入】

■ Google マイビジネスの流入が特定できれば効果検証も可能に

Google マイビジネスからの流入が特定できるようになれば、Google マイビジネスで手を加えた「ビジネス情報」や「画像」の反応がよいのかを検証することができるようになります。

自動的に分類がされない流入経路もパラメーターを使えば解決できます。集客の解析のためにもパラメーターを使って、適切な分類にすることがアクセス解析の事前準備としても重要です。

10　コンテンツ複数媒体自動投稿化で効率アップ

■集客のためにコンテンツを多くの人に知ってもらう

集客はコンテンツを作成し、ウェブ上に公開して多くの方に認知してもらうことで流入数が増加します。

より多くの方にコンテンツの存在を知ってもらうためには、複数の媒体を使うことがおすすめです。

しかし、例えば「ウェブサイト」「Facebook」「Twitter」を運用している場合、すべての媒体でコンテンツを公開するためには、同一のコンテンツを3つの媒体にそれぞれ投稿する必要があります。

この作業を少しでも減らせたら、日々の更新が効率化でき、空いた時間を別のコンテンツ作成にも回せます。

今回はそんな複数投稿を無料で自動化できるツールを紹介します。

■ IFTTT を使った複数媒体同時投稿

「IFTTT」https://ifttt.com/

IFTTT は様々なツールと連携をして、自動更新をかけることが

できる無料ツールです。操作に慣れてしまえば自動投稿以外にも日々のタスクの自動化など、様々な作業を効率化することができます。

　今回は「WordPress のブログに記事を投稿した際」に「Twitter」へ自動投稿する設定を説明します。※アカウントの無料登録は済んでいるものとします。

①上部メニューの「Create」からレシピの作成を行います（図表 164）。

【図表 164　「Create」をクリック】

②「If This」に WordPress を指定します（図表 166）。

【図表 165　「If This」をクリック】

※検索をするとスムーズに表示されます。

③「Any new post」をクリック選択します（図表 167）。

　これは「WordPress に新規投稿があったときに」という条件になります。

　特定のタグやカテゴリの投稿のみに連携したい場合は「New Post with tag or category」を選択してください。

　その後「Connect」で連携します。

【図表166　「WordPress」を選択】

【図表167　「新規投稿があったとき」を意味する】

④ WordPress との連携に入ります（図表168）。

「Blog URL」に WordPress 設置アドレスを入力、「Username」に
ユーザー名、「Password」にパスワードを入力して「Connect」を
押します。

※ Blog URL はサイトアドレスではなく、WordPress が設置された
URL です。WordPress の管理画面＞設定＞一般＞ WordPress アド
レス (URL) となります（図表169）。

【図表 168　WordPress との連携】

【図表 169　WordPress アドレス (URL) を IFTTT に指定】

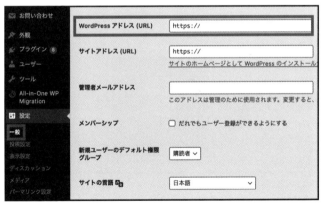

⑤連携が完了したら次は「Then That」の設定に移ります。

　これは WordPress に投稿された際のアクション先を指定します。

　ここでは Twitter を選択していきます。

【図表 170　「Then That」をクリック】

【図表 171　「Twitter」を選択】

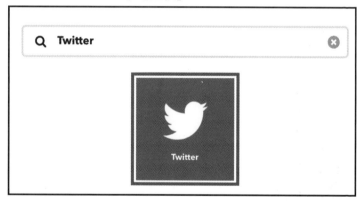

⑥ここでは「Post a Tweet」を選択します。

　画像つきで投稿したい場合は「Post a Tweet with image」を選択します（図表 172）。

⑦ Twitter も先ほどの WordPress 同様に連携します（図表 173）。

　※連携用の Twitter アカウントが表示されていることを確認。

【図表 172 「Post a tweet」を選択】

【図表 173 Twitter との連携】

⑧投稿内容を決めます。

　デフォルトの「PostTitle」「PostUrl」の場合は「投稿タイトル +
投稿 URL」が自動で Twitter に投稿されます。その他「投稿の本文」
なども任意で指定できるため、お好みで設定してください。

　Twitter は 140 文字の字数制限があるため、文字切れに注意して
ください（図表 174）。

【図表 174　投稿内容の指定】

⑨最後に「Finish」を押せば設定完了です。

　これで、WordPress にコンテンツを投稿すれば、自動的に Twitter に「投稿タイトル ＋ URL」が表示されます（図表 174）。

【図表 175　「Finish」で完了】

　連携ツールを使うことで、投稿を 1 箇所で完結し広く拡散することが可能になります。

　より多くの集客を得るためには、より多くの媒体への投稿が求められます。

　自動化ツールを使って作業の効率化を図り、より多くの流入を獲得するように心がけましょう。

第6章

検索エンジンで
上位表示化を目指す
「SEOの秘訣」

1　ブラックハットからホワイトハットへ 「ユーザーニーズ」こそ SEO の王道へ

■ブラックハット SEO

　検索エンジンでより上位の掲載順位を取ることは、流入数はもちろん売上を上げるためには重要な作業です。この検索エンジンの上位を狙うためにサイトのコンテンツ改修を行うことを「SEO」と呼びます。

　SEO で上位表示させるためには、Google にサイトを評価してもらう必要があります。この評価を狙って 2000 年代には「ブラックハット SEO」が大流行しました。

　ブラックハット SEO とは、検索順位で上位表示化を狙うために、Google のアルゴリズムを欺いて上位表示させる方法です。

【ブラックハット SEO の例】

①被リンクの大量設置

②キーワードを不自然に埋め込んだ文章

③コピーコンテンツ

　Google のアルゴリズムは機械が評価しているため、人間の価値に基づいた評価はできません。

　①の被リンクは、たくさんのリンクが張られていることにより「人気のサイト」と、②のキーワードの乱用は「そのキーワードについて詳しく記載されたコンテンツ」と Google の機械を欺くことができました。

　つまり、従来は一定のテクニックのみで誰でも簡単に上位表示化を実現することが可能でした。

しかし、現在はテクニックを駆使したブラックハット SEO は通用しなくなりました。

Google が実施した 2 大アップデート「ペンギンアップデート」「パンダアップデート」はまさにブラックハット SEO で上位表示化を実現していたサイトの取り締まりです。

【ペンギンアップデート】

有料で購入した被リンク、自作自演の被リンクの取り締まり

【パンダアップデート】

他サイトのコピーコンテンツや低品質なコンテンツの取り締まり

2 大アップデートにより、ブラックハット SEO 業者は淘汰され、上位表示されていたサイトはペナルティを受け、検索ランキング圏外に飛ばされて流入が 0 になってしまった事例もあります。

■ Google が評価しているホワイトハット SEO

Google が検索で上位表示させる目安は「ユーザにとって本当にそのページに価値があるのか」という人間の価値に近い評価基準へと変わってきました。

このように、ユーザーにとって価値のあるページを上位表示化させる手法を「ホワイトハット SEO」と言います。

Google が目指している検索エンジンは「ユーザが検索したキーワードに対して、適切にその結果を返す」、そのようなサイトを上位表示させるようにアルゴリズムが組まれています。

Google 検索のアルゴリズムは常に進化して、ユーザーが探している情報を的確に返すように日々改善・アップデートされています。

この章では、ユーザーのためのサイトをつくる「ホワイトハット SEO」を前提に、検索エンジン流入増加を実現するための SEO について解説します。

2　SEO の考え方と競合調査

■まずは自分のサイトの立ち位置を把握することが大前提

　SEO の基本は「検索順位を把握する」ことです。あるキーワードの検索順位で上位表示化を実現する、となった際は必ず競合が存在します。「競合がどの程度上位にいるのか」ということをまずは把握することが重要です。

　あるキーワードで検索した際に、例えば自社のサイトが今は「20番目」の位置だから「1番目に持ってきたい」というように、まずは自分の立ち位置を把握することからスタートさせましょう。

　そのために行う作業は、

①上位表示させたい目標キーワードを書き出す

②そのキーワードで検索をかけたときに検索結果上位の競合サイトを把握

③自分のサイトの現在の順位を把握

となります。

■競合サイトの順位確認方法①

　競合サイトを確認する際は、利用しているブラウザにより異なりますが下記のモードで調査をします。

【Google Chrome の場合】シークレットブラウズ

【Internet Explorer の場合】InPrivate ブラウズ

【Safari の場合】プライベートブラウズ

　普段何気なく触っているブラウザには、利用者が頻繁に見るサイトやその関連サイトが自動的に上位表示されるよう便利機能として

「閲覧履歴」や「cookie」などのデータが保存されています。

　最近は検索順位が明確に表示されなくなり、「平均掲載順位」として表示されるようになりました。

　その理由として、現在のGoogle検索はユーザーによって表示される結果が異なっているからです。

　例えば、「うどん」と調べてみましょう。もしあなたが今「東京」に居るのであれば「東京のうどん屋」が表示されているはずです。

　一方、「大阪」に居るのであれば「大阪のうどん屋」が表示されるはずです。

　つまり、Googleは「ユーザーが今いる場所」により表示を切り替えているわけです。

　場所だけではなく、ユーザーが普段よく検索をしているキーワードに関連するページがより上位に表示される、というように「ユーザーによって検索表示結果が変わる」という状況になっています。

　つまり、通常のブラウザで検索をすると正確な検索順位が測れなくなります。

　自分の閲覧履歴に左右されずに正確な掲載順位を確認するためにも、必ずシークレットブラウズで確認しましょう（図表176）。

【図表176　シークレットブラウズの例】

■競合サイトの順位確認方法②

　自社の検索順位を調べる方法として「Google Search Console」を利用することができます。

　Google Search Consoleを使うことにより、そのキーワードで検索したときに自社のサイトが大体何番目に表示されるのかという「平均掲載順位」を確認することができます。

① Google Search Console にログイン

　https://www.google.com/webmasters/tools/

②左メニュー「検索パフォーマンス」をクリック（図表177）

【図表177　「検索パフォーマンス」をクリック】

③グラフ内の「平均掲載順位」をクリック（図表178）

【図表178　「平均掲載順位」をクリック】

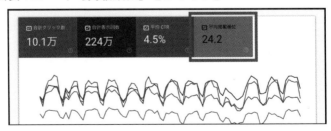

④表内の「フィルタ」⇒「検索キーワード」にチェック（図表179）

【図表179 「検索キーワード」を指定】

デバイス
検索での見え方
日付
1
検索キーワード
クリック数
表示回数
↓ クリック数
12,081
26,772
6,536
13,971
46.8%
2

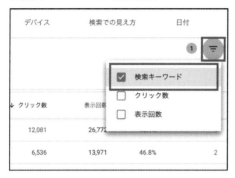

⑤キーワード候補を入力すると、平均掲載順位を確認できます（図表180）。

【図表180 平均掲載順位の確認画面】

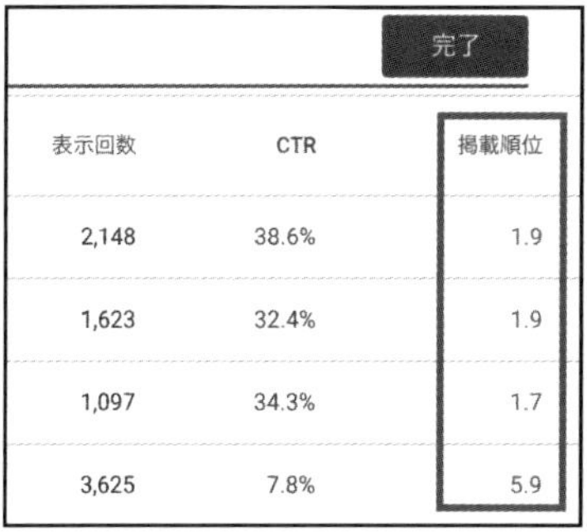

完了
表示回数
CTR
掲載順位
2,148
38.6%
1.9
1,623
32.4%
1.9
1,097
34.3%
1.7
3,625
7.8%
5.9

「Google Search Console」を活用することにより、自社のサイトの平均掲載順位を確認することができるため、自社のサイトの立ち位置を把握することができます。

■キーワード順位を測定できるツール

上位表示させたい目標キーワードの順位推移を観察するには、下記のツールが役に立ちます。

① GRC（無料）

https://seopro.jp/grc/

パソコンインストール型の順位計測ツール。3つまでのURL登録であれば無料で利用できます。Google / Yahoo! / Bing の検索エンジンから最大300位までの順位をチェックすることができます。

【図表181　GRCの画面】

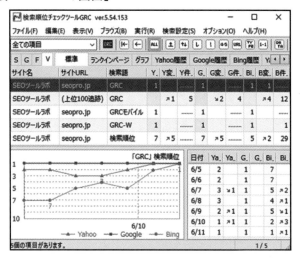

② BULL（有料）1150円 / 月額〜 https://bullseo.jp/

クラウド型でインストール不要のツール。クラウドのため、自宅以外のパソコンでもスマホでも順位の確認ができます。無料体験版も用意されています。

【図表 182　BULL の画面】

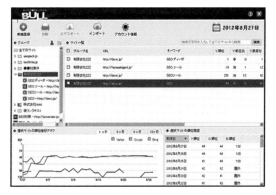

　まずは競合の調査、そして自分のサイトの現状を把握して、どこ
を目標にするのかを検討することから始めましょう。

3　ビッグフレーズよりもスモールフレーズの 上位表示を活かす「ロングテール戦略」

■ロングテール戦略とは

　「ビッグフレーズ」ではなく「スモールフレーズ」で上位表示化
を目指して流入を増やす手法です。

　例えば、「ホームページ制作」という単一キーワードで検索をす
ると、10 億 4000 万ほどの検索結果が表示されます。キーワード
数が少なく、検索結果表示数が多いキーワードを「ビッグフレーズ」
と呼びます。

　ビッグフレーズはキーワードが少なく、検索をするユーザーが多

いため、上位表示化が実現すれば多くの流入数が見込めるもの、上位表示化は非常に難易度が高いキーワードです。

　また、上位表示化を実現するまで半年から1年間ほど要することも珍しくありません。

　それに対して「スモールフレーズ」は、例えば「ホームページ制作　大阪　格安　最短」のように、複数のキーワードで絞られたフレーズです。このキーワードで検索をしてみると、検索結果の表示数は9万件です。

　この「スモールフレーズ」を狙うメリットとして、検索流入数自体はビックフレーズよりは少なくなるものの、検索結果数が少ないため上位表示化が比較的容易にでき、約3か月以内に上位10位を狙うことも十分に可能なフレーズです。

　つまり、競合が少ないため上位表示化が実現しやすく、流入を獲得しやすいということです。

【図表183　ロングテール戦略】

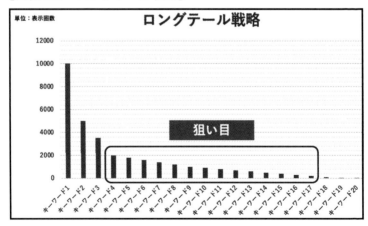

■スモールフレーズにはユーザーの強い意志が含まれている

　スモールフレーズになるほど、そのキーワードには「キーワードインテント」と呼ばれる、ユーザーの意思・意図が隠れています。

　例えば「ホームページ制作　大阪　格安　最短」であれば、「安く最短でホームページを制作したい」という強い意志が含まれており、一般的にはビッグフレーズよりもコンバージョン率が高まってくる傾向があります。

　「ホームページ制作」のようなビックフレーズの場合、単に「情報収集」を目的として検索をしているユーザーが多いです。もし「購入するための情報を知りたい」と意思が高い人が検索をするなら、そのための情報を求めて様々なキーワードが付与されます。

　スモールフレーズで上位表示化ができれば、流入数自体はそこまで多くないものの、確実に流入数を伸ばしていくことでコンバージョンを増やしていくことが可能になります。

　例えば、月間１万件程度の流入があるビッグフレーズと、月間1000件程度の流入がある「スモールフレーズ」の２つがあった場合を考えてみましょう。

　スモールフレーズの流入数自体は10分の１と劣っていても、「10個のスモールフレーズ」で上位表示化させてしまえば、ビッグキーワードの「１万件」と同程度の流入数になります。

　上位表示化の難易度が高く上位表示まで半年〜１年程度必要になるビッグフレーズと、難易度が低く上位表示まで３か月程度のスモールフレーズ、優先すべきはどちらでしょうか？

■ニッチなキーワードでビッグフレーズに負けない集客を実現

　ロングテール戦略と言うのは、ビッグフレーズにこだわらず、複数のキーワードインテントを付与したスモールフレーズによる検索

流入を狙うことです。

　ビッグフレーズでの上位表示化を狙いがちですが、必ずしも「ビッグフレーズ」で狙う必要はないことを覚えておきましょう。

■検索エンジンの進化、スモールフレーズで上位表示化がしやすくなった

　Googleの検索エンジンは非常に進化しており、トップページにだけではなく「第2階層」「第3階層」も上位表示させる傾向が高まっています。

　つまり、従来のビッグフレーズによるトップページ流入狙いだけではなく、「コラム」のようなサブページを複数用意し、各コンテンツでスモールフレーズ流入を狙った記事を作成すれば、スモールフレーズによる検索流入の増加を狙えるようになっています。

　トップページはビッグフレーズ狙いの構成、サブページで複数のスモールフレーズ狙いの構成、という手法が近年のトレンドです。

　スモールフレーズで流入数が増えてサイト自体にパワーがついてきたら、自然とビッグフレーズでも上位表示されやすくなります。

　現実的にSEOで成果を出すためにも、まずは難易度の低いスモールフレーズで上位表示化を狙うことから考えましょう。

4　ユーザーニーズを汲み取る 「キーワード調査方法」

■ユーザーのニーズに応えるキーワードを探す方法

　ユーザーニーズに応えるキーワードはどのようなものを選べばよいのだろう？　そんなキーワード探しに役立つツールを紹介します。

■ Google トレンド

https://trends.google.co.jp/trends/

キーワードのトレンド状況を把握することができるツールです。キーワードは 5 個まで比較して調査することが可能です。

例えば、「○○のキーワードで狙おうと思ってるけど、そもそも検索ニーズはあるのか？」

このような場合にそのキーワードで検索をすることで、現在のトレンド状況を把握できるため、判断目安とすることができます。

また、「トピックの検索」「検索クエリ」にてトレンドキーワードの上位 25 位が表示されます。ご自分のサイトコンテンツに関連するキーワードがトレンドにあれば、そのキーワードにてコンテンツをつくることにより、多くの流入を獲得できる見込みがあると言えます。

【図表 184　Google トレンド】

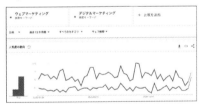

【図表 185　「トピックの検索」と「検索クエリ」】

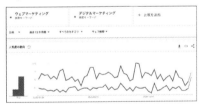

■キーワードプランナー

https://ads.google.com/aw/keywordplanner/

Google広告内で利用できるキーワード調査ツールです（図表186）。Google広告に登録をすれば、誰でも利用できます。

「キーワード候補」に「特定のキーワード」を入力して検索することで、関連性の高いキーワードが抽出できます。また、「月間平均検索ボリューム」から「そのキーワードで月間どの程度の回数が検索されているのか」を把握できるため、流入の目安も検討することができます。

注意点として、Google広告にある程度の広告を出稿（課金）しなければ「月間平均検索ボリューム」の数値の幅が曖昧になります（例：100-500など）。

しかし、目安とはいえ「関連キーワード」と「検索ボリューム」を調査できるだけでもユーザーニーズ把握のカギとなりますので、ぜひ活用してみてください。

【図表186　Googleキーワードプランナー】

Q ウェブマーケティング		

検索結果を拡張：（+ ウェブ ビジネス）（+ インターネット マーケティング）（+ 広告 マーケティング）（+ デジタル マ─

▼ アダルト向けの候補を除外　フィルタを追加　129個のキーワード候補を使用できます		
☐ **キーワード（関連性の高い順）** ↓	月間平均検索ボリューム	競合性
☐ web マーケティング と は	3,600	中
☐ グロース ハッカー	1,300	低
☐ web 集客	1,300	中

■ラッコキーワード

https://related-keywords.com/

こちらも「関連キーワード」を無料で検索できます（図表187）。登録不要で利用できます（1日20キーワードまでの制限、無料登録で無制限）。

指定したキーワードに対して、細かくサジェストが表示される点がメリットです。また、「周辺語・連想語」「類語・同義語」「Q＆Aを見る」などに切り替えてみることもできるため、様々なキーワードを掘り起こすことができます。

【図表187　ラッコキーワード】

Googleサジェスト 287 HIT	
ウェブマーケティングのサジェストとそのサジェスト	**ウェブマーケティング＋A**
ウェブマーケティング	webマーケティング アルバイト
ウェブマーケティング	ウェブマーケティング ai
ウェブマーケティングとは	ウェブマーケティング 案件
ウェブマーケティング 資格	ウェブマーケティング 怪しい
ウェブマーケティング 会社	ウェブマーケティング アフィリエイ
ウェブマーケティング 本	ウェブマーケティング アマゾン

■質問掲示板

「Yahoo! 知恵袋」や「教えて！ goo」のような質問掲示板は、ユーザーニーズを汲み取るキーワードの宝の山です。

質問がされているということは、ユーザーのニーズがそのまま投稿されているということになります。

また、質問者は1人であっても、多くの方が同様の質問を抱いている可能性も高いです。

　質問掲示板に投稿される質問は「検索してみたけど、該当するコンテンツが見つからなかったから投稿した」というケースが非常に多く見られるため、質問に対する「回答コンテンツ」を作成することにより、多くのユーザーを獲得することができます。

　「Yahoo! 知恵袋」や「教えて！goo」を直接確認する方法もよいですが、上記の「ラッコキーワード」で横断して検索もできます。

【図表 188　ラッコキーワードから横断検索が可能】

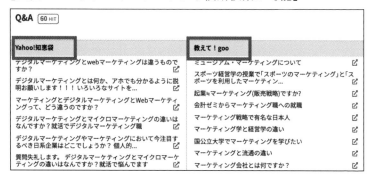

5　目標キーワードを設定する「SEO 計画」

■キーワードから目標を定める

　ユーザーニーズを把握して上位表示させたいキーワードが見つかれば、実際に SEO を行うための計画を立てます。

　まずはキーワードを Excel なりに書き出します。そして、難易度別に大目標・中目標・小目標としてキーワードを分類しましょう。

【大目標の定義】

6か月から 12 か月以内に達成可能な目標
●検索結果 500,000 件以上が表示される

【図表 189　検索結果数の確認】

●検索結果ページのベスト 20 のほとんどがサイトのトップページ
●検索結果ページのベスト 20 のほとんどが政府や大手企業のサイト
●検索結果ページのベスト 10 のほとんどが専門的なサイト
●そのキーワードでたくさんのリスティング広告が出稿されている
●そのキーワードの関連キーワードが検索結果ページに 10 件表示
　されている

【図表 190　関連キーワードの確認】

【中目標の定義】

3か月から6か月以内に達成可能な目標

●大目標ほど難易度が高くないキーワードで、大目標のキーワードで検索をすると、関連キーワードとして検索結果で表示される複合キーワード

●数年以内に大目標として分類される可能性のあるキーワード

【小目標の定義】

1か月から3か月以内に達成可能な目標

●検索結果ページのベスト10のほとんどがトップページ以外のキーワード

●検索結果ページのベスト10のほとんどがブログや情報サイト、ソーシャルメディア

●検索結果表示数が10万件以下のもの

●その他1か月から3か月の短期間に表示できると思われるキーワード

■上位表示目標のページを設定する

続いて目標ページURLを設定しましょう。

複数のキーワードを同一ページで上位表示させることは困難です。各キーワードごとにページを用意し、各キーワードに特化したコンテンツでページを作成しましょう。

ここまでできれば、あとは毎月1回各キーワードとページの順位計測を行います。

順位は日々の変動が頻繁に起こるため、月に1回行い傾向を掴む程度で問題ありません。

筆者は毎月月末にキーワード順位調査を行っています。

計測結果を記録し、順位変動を月次タスクとして調査しましょう。

【図表 191　SEO 計画書の例】

目標キーワード	目標分類	目標ページURL	2020/5/31	2020/6/30	2020/7/31
seo 解析	大	https://tomo-shibi.co.jp/	8	9	5
google アナリティクス 講座	大	https://tomo-shibi.co.jp/	9	7	7
seo 用語	大	https://tomo-shibi.co.jp/	18	16	24
seo 順位	大	https://tomo-shibi.co.jp/	圏外	圏外	圏外
seo 代行	大	https://tomo-shibi.co.jp/	7	8	9
seo 外部施策	大	https://tomo-shibi.co.jp/	27	25	21
seo初級講座	中	https://tomo-shibi.co.jp/	52	41	49
facebook広告 運用	中	https://tomo-shibi.co.jp/	33	27	37
seo タグ 効果	中	https://tomo-shibi.co.jp/	圏外	圏外	61
seo とは わかりやすく	中	https://tomo-shibi.co.jp/	17	14	19
seo 内部施策	中	https://tomo-shibi.co.jp/	19	10	9

6　コンテンツ内の適切なキーワード分量と配置を知る 「title タグと meta タグ、h1 タグの秘訣」

■タグ内の適切な文字量とキーワード量

　コンテンツを作成する際に必ず設定する「タイトルタグ」、そのページの情報を表す「meta タグ」、コンテンツの大見出しを表す「h1タグ」は、検索エンジンからページを認識してもらうために重要な3大エリアと呼ばれます。

　Google は「このページは○○について書かれているページ」と認識をするために、特に3大エリアのキーワードを重視します。

　つまり、「タイトルタグ」「メタタグ」「h1 タグ」にどの程度の目標キーワードを適切に設定するのかということは、今の「ホワイトハット SEO」では外すことができない重要な要素になっています。

　ここでは、各要素の適切な文字量とキーワード出現回数を説明し

ます。

WordPressで1章で紹介したプラグイン「All In One SEO Pack」をインストールしている場合は、投稿画面の下部で設定できます。

【図表192　All In One SEO Packの設定例】

スニペットプレビュー
https://tomo-shibi.co.jp/see/
「わかるから成果が見える」 | 株式会社トモシビ
計画策定 / アクセス解析 / 設定代行 / 改善提案 / レポート設計 「わかるから成果が見える」 『専門用語は使わずにわかりやすく説明』 マーケティングファネル / アトリビューション / インタラクション設計 ... このような業界特有の専門用語は使わずに「わかりやすい言葉」に置き換えてご説明します。
固定ページタイトル
以下のタグをクリックして、タイトルに変数を入力する

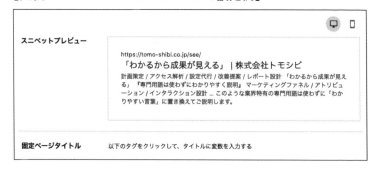

■タイトルタグ

文字数：全角32文字（スマホの場合は全角40文字）

キーワード数：目標キーワードを2回まで

タイトルタグは全角32文字以内に設定しましょう。これは、検索結果で表示された際にタイトルがすべて表示される文字数です。

【図表193　検索結果画面のタイトルの見え方】

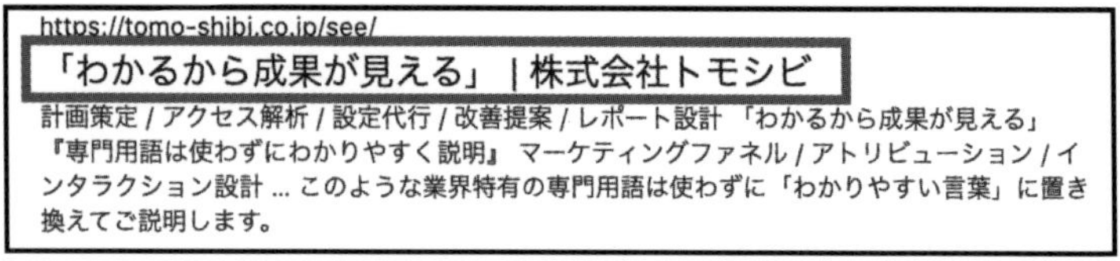

https://tomo-shibi.co.jp/see/
「わかるから成果が見える」 | 株式会社トモシビ
計画策定 / アクセス解析 / 設定代行 / 改善提案 / レポート設計 「わかるから成果が見える」 『専門用語は使わずにわかりやすく説明』 マーケティングファネル / アトリビューション / インタラクション設計 ... このような業界特有の専門用語は使わずに「わかりやすい言葉」に置き換えてご説明します。

文字数が長すぎる場合はタイトルが途中で省略されてしまい、そのページが何について書かれているのかが判断しにくくなります。

　このタイトルはクリック率に大きく影響が出る部分です。クリックをしたくなるような魅力的なタイトルを心がけましょう。

　また、狙っている目標キーワードは「2つ」までが推奨されています。3つ以上になると「キーワードの詰め込みすぎ＝スパム」と判断される恐れがあります。

■メタディスクリプション

　文字数：全角120文字（スマホの場合は全角70文字）

　キーワード数：目標キーワードを2回まで

【図表194　検索結果画面のメタディスクリプションの見え方】

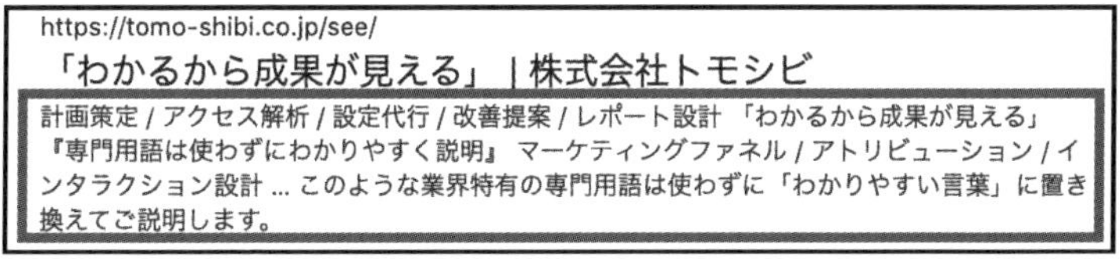

https://tomo-shibi.co.jp/see/
「わかるから成果が見える」| 株式会社トモシビ
計画策定 / アクセス解析 / 設定代行 / 改善提案 / レポート設計　「わかるから成果が見える」『専門用語は使わずにわかりやすく説明』 マーケティングファネル / アトリビューション / インタラクション設計 ... このような業界特有の専門用語は使わずに「わかりやすい言葉」に置き換えてご説明します。

　ページの説明を記した部分です。ユーザーはタイトルだけでは判断しにくいページ内容を、このメタディスクリプションに記載の説明を参考にして流入を検討します。

　タイトル同様、文字数が長すぎる場合は説明文が途中で省略されてしまいます。

　なお、メタディスクリプションを自分で設定していない場合は、Googleがページ内容より自動的に文章を作成します。

　メタディスクリプションはSEOに直接的な影響はないと言われる部分だとしても、内容次第でクリック率に大きく影響が出る部分

です。必ず文字数内に抑えるよう調整しておきましょう。

　メタディスクリプションも狙っている目標キーワードは「2つ」までが推奨されています。3つ以上になると「キーワードの詰め込みすぎ＝スパム」と判断される恐れがあります。

■h1タグ

　文字数：特に制限なし

　キーワード数：目標キーワードを1回まで

【図表195　h1タグは見出しを表す】

　h1タグはそのページの大見出しになります。原則として1ページに1つのh1を設定します。

　h1に文字数制限はありませんが、長すぎるとページの説明がユーザーに伝わりにくいため、端的に書くことが理想です。

　また、目標キーワードは1回までに抑えましょう。h1タグに目標キーワードを2つ以上設定するとスパム扱いされるリスクが高まります。

　各要素のキーワードの詰め込み過ぎに注意し、検索エンジンからもユーザーからも評価される内容を心がけて作成しましょう。

　文字量とキーワード量を調整する簡単な内部施策だけでも、検索順位に大きな変化が起きることも珍しくはありません。

7 コンテンツの数が大事？　質が大事？ コアアップデートで変わった 「適切なコンテンツ量の秘訣」

■記事に質が求められる時代へ

現在は、ユーザーにとって興味関心の高い質がコンテンツに求められており、数を意識しなくてもサイト全体の上位表示化がされるようになりました。

2000年代のブラックハットSEOはコンテンツの数が絶対正義とされ、キーワードが盛り込まれたコンテンツを「大量に作成する」ことにより、サイト規模の大きさを示すことで検索上位表示化を狙える時代がありました。

現在は「ユーザーに有益な情報をGoogleが検索結果として返す」という仕組みにアルゴリズムが組まれているため、「質」を最重要視しています。

■質を保つための適切な文字量とキーワード量

「質」を評価する指標として「1ページあたりの文字数」「キーワード量」が見られます。1ページあたりの文字数が少なすぎる場合、「文字数が少ないということは、ユーザーにとって有益な情報が書かれている可能性も少ない」とGoogleが判断するからです。

1ページあたりの文字数は「サイト内リンク」「外部リンクのテキスト」「画像のaltテキスト」を除いた実質のコンテンツのことを指します。この実質のコンテンツのことを「正味有効テキスト」と呼びます。

【図表196　正味有効テキスト】

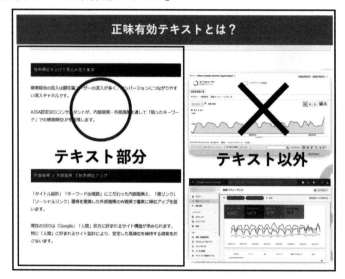

【正味有効テキストの理想の文字数】

①特にキーワード流入を狙っていないページ：500文字以上

②キーワードで上位表示を狙っているページ：800文字以上

③上位表示が困難なビッグフレーズページ：3800文字以上

　最低でも500文字以上は文字数がなければ、コンテンツとしてGoogleから認識されにくいということです。

　続いて、目標キーワードの出現頻度は以下を目安にコンテンツを作成しましょう。

【キーワード出現頻度の理想の文字数】

①目標としているキーワードの出現頻度がそのページで第1位

②キーワードの出現頻度が4〜6%

※助詞（てにおは）、助動詞（です、ます等）、数字、記号は除外する。

キーワードの出現頻度は4〜6%に設定することが理想であり、過度の詰め込みはスパム扱いされるリスクが高まります。

　キーワードの出現頻度は下記のツールで解析できます。

・高評価（無料）

　https://ko-hyo-ka.com/

【図表 197　「高評価」の画面】

単語	使用数	含有率	グラフ
試験	53	3.31%	
認定	42	2.62%	
レポート	40	2.5%	
日	31	1.93%	
受験	31	1.93%	
申請	31	1.93%	
場合	31	1.93%	
講座	29	1.81%	
合格	24	1.5%	
解析	24	1.5%	

　Google は有益なコンテンツをしっかりと評価するようになってきています。

　上記の文字数を参考に、ユーザーの期待に応えることができるページづくりを意識してコンテンツを作成しましょう。

8　内部リンクと外部リンクの考え方

■被リンクは今でも重要な指標

　「ペンギンアップデートにより、被リンクに対する評価が厳しく

なった」、そうは言っても被リンクはそのサイトの「人気」を表す
指標であり、被リンクが SEO に与える影響は現在もまだ健在です。

　リンクには「内部リンク」と「外部リンク」があります。

【内部リンク】サイト内に張り巡らせたリンク

【外部リンク】外部サイトからつけられたリンク

　内部リンクと外部リンクの適切な扱い方について説明します。

■内部リンクとは

　自分のサイト内でのリンクを表します。

　グローバルメニュー（ヘッダメニュー）やフッターメニューは内
部リンクの象徴でしょう（図表 198、199）。

【図表 198　内部リンク（グローバルメニュー）】

【図表 199　内部リンク（フッターメニュー）】

　内部リンクを張ることで、リンクを張られたページは上位表示さ
れ易くなるため、自分のサイト内のリンクは必ず張り巡らせておき
ます。

　サイトのトップページが上位表示化されやすくなる仕組みとして
は「あらゆる内部ページからリンクされている」ことも１つの要因
です。

また、Google がサイトを評価するために巡回する「クローラー」は、このリンクを辿ってサイトの情報を収集します。

　つまり、リンクが張られていないページにはクローラーがたどり着きにくく、評価どころかインデックス（検索に引っかかること）すらされない状況にも陥ります。

　サイトを巡回して適切に評価してもらうためにも、内部リンクは重要な役割を与えています。

　内部リンク状況は Google Search Console で把握することができます。

① Google Search Console の左メニュー「リンク」をクリック（図表 200）

【図表 200　「リンク」をクリック】

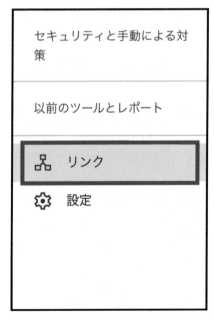

②内部リンクを確認（図表201）

【図表201　内部リンクの確認画面】

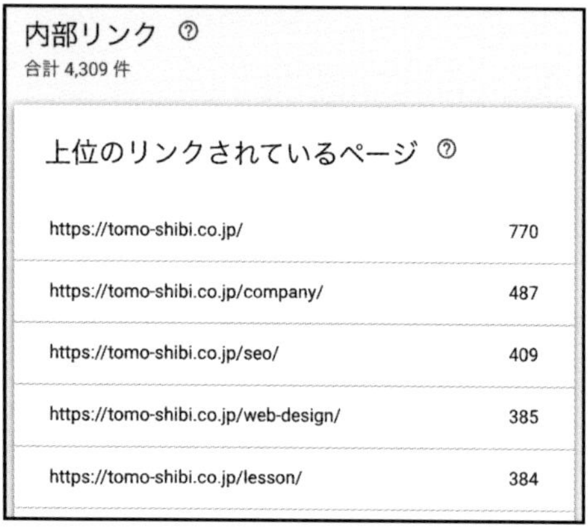

内部リンク　⑦
合計 4,309 件

上位のリンクされているページ　⑦

https://tomo-shibi.co.jp/	770
https://tomo-shibi.co.jp/company/	487
https://tomo-shibi.co.jp/seo/	409
https://tomo-shibi.co.jp/web-design/	385
https://tomo-shibi.co.jp/lesson/	384

■外部リンクとは

　サイトの人気を示す指標として、外部リンクが注目されます。現在の外部リンクは数よりも質に重きが置かれる、つまりどのようなサイトからリンクがされているのかが重要視されています。

　ペンギンアップデートにより、有料で購入したリンクや自作自演のリンクなど、低評価リンクは外部リンク効果を持たなくなりました。

■自然リンクと有料リンクの判断基準

　自然と張られたリンクなのか、有料で購入して意図的に張られたリンクなのか、これは被リンクが張られた本数とその流入数にも影響していると言われます。

　被リンクはいわば「あのサイトを紹介したい」との想いから自然とつけられるものであり、リンクされれば一定数の流入が当然に見

込まれます。

しかし「100本の被リンクが張られても、その100本の被リンク経由の流入数は10だった」、このような場合、有料で購入したリンクと判断され、被リンク効果はゼロであると判断されてしまいます。

自然発生したリンクこそが評価されるため、コンテンツをつくる際は「リンクしたい」と思える記事を作成することが求められます。

よくリンクされやすい記事の特徴としては「専門性の高い記事」「無料お役立ち情報」などが挙げられます。

「100個の薄い内容の記事」より「1個の濃い内容の記事」のほうが圧倒的に被リンクは増加します。

9　掲載順位アップに必須の「サイト表示速度チェックツール」

■表示速度を早くして Google からも好まれるサイトへ

サイトの表示速度は Google の検索エンジン順位に影響を与えます。ここでは、サイト表示速度のチェックと改善点の把握ができる2つのサービスを紹介します。

■ Page Speed Insights（無料）

PC、モバイルともに表示速度を確認できる、Google 公式のサイト表示速度チェックツールです（図表202）。

減点要因が表示されるため、スコアの低いポイントを改善することでサイト速度の高速化、検索エンジンからも評価されるサイトへと改善できます（図表203）。

【図表202　Page Speed Insights】

【図表203　減点要因の確認】

■ Test My Site（無料）

　Googleが公開した最新の速度チェックツールです（図表204）。モバイルの読み込み時間や離脱率を知ることができ、最適化案と推奨ツールを詳細レポートにて把握できます。

【図表 204　Test My Site】

https://www.thinkwithgoogle.com/intl/ja-jp/feature/testmysite/

10　パソコンより優先されるスマホ時代の「モバイルフレンドリー」

■モバイルフレンドリーとは

　サイトがモバイル（スマホ）で閲覧しやすいように表示が最適化されていることを意味します。

　モバイル利用者が増えたことを契機に、Google は 2015 年 4 月からモバイル検索を検索順位決定の要因としはじめました。

　そして、2016 年 5 月にはモバイルフレンドリーが検索順位に与える影響を強化するためのアップデートが行われました。

　さらに、2018 年 3 月からモバイル対応が完了したサイトを順次モバイルファーストインデックスを適用すると発表がされました。

　モバイルファーストインデックスが適用されることにより、モバ

イル版のサイト内部情報が評価され、対応していないサイトはパソコン版の検索順位にも大きな影響が出るようになりました。

　令和元年時点でモバイル端末全体における個人の保有率は81.1％と発表されています [引用] 総務省「通信利用動向調査」。

　モバイル利用者のためにも見やすい表示を心がけることはもちろん、ユーザーニーズに応えるため Google の検索エンジンも重要視していることになります。

　ここでは、運営しているサイトがモバイルフレンドリーに対応しているか、また、どのように対応していくべきかを説明します。

■モバイルフレンドリーテスト（無料）
【図表205　モバイルフレンドリーテストの画面】

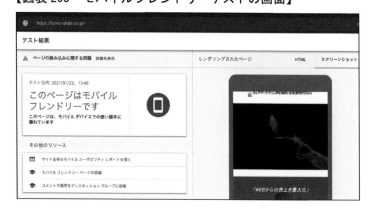

https://www.google.com/webmasters/tools/mobile-friendly/

　「このページはモバイルフレンドリーではありません」の表示がされた場合は不合格です。

　不合格であれば検索順位を上げることも困難ですし、現在上位表

示されているページも順位がダウンする可能性があるため、至急修正を行いましょう。

【修正方法】

① Google Search Console にログイン

　https://www.google.com/webmasters/tools/

②左メニュー「モバイルユーザビリティ」をクリック（図表 206）

【図表 206　「モバイルユーザビリティ」をクリック】

③サイトのモバイルフレンドリーの状況がわかります（図表207）。

【図表207　モバイル対応状況の把握】

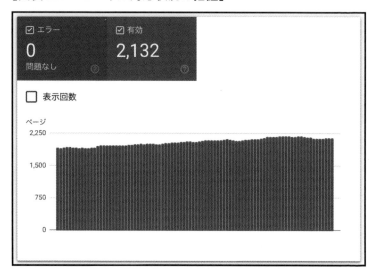

④エラーが出ている際はエラーに沿って修正を行います（図表208）。

【図表208　エラー項目例】

ステータス	型	確認 ↓	推移	ページ
詳細				☰
エラー	コンテンツの幅が画面の幅を超えています	❗ 開始前	——	1
エラー	テキストが小さすぎて読めません	✅ 合格	⌐__	0
エラー	クリック可能な要素同士が近すぎます	✅ 合格	⌐__	0
エラー	ビューポートが設定されていません	✅ 合格	⌐__	0

エラー項目をクリックするとエラーの詳細、エラーが発生しているページが表示されます。

　修正が完了した場合は「修正を検証」ボタンを押すことでGoogleに再度チェックを求めることができます。

　また、図表209のツールを利用することでモバイルサイトの速度を計測でき、さらに速度の改善提案を出してくれます。

■ Test My Site（無料）

https://www.thinkwithgoogle.com/intl/ja-jp/feature/testmysite/

【図表 209　Test My Site】

　サイトの表示が遅いページはユーザーへストレスを与えるため、Googleはサイトの表示速度も検索順位決定要因に大きな影響を与えています。

　「低速」が表示された場合は原因を確認し、早急に対応しなければ、検索順位の上昇は難しいと考えましょう。

　モバイルフレンドリーはサイト運用に必須条件となっています。

ユーザーにも Google からも評価されるサイトを作成しましょう。

■モバイルフレンドリー対応を実現する3つの手段

　モバイルフレンドリーを実現するためには、当然モバイル用の
ウェブ表示を行う必要があります。

　モバイル表示の方式には主に下記の3つがあります。

①レスポンシブウェブデザイン

　同一のレイアウトを画面サイズによってデザインを切り替える手
法。PC/ スマホ共に URL は同一。

　Google 推奨：◎、メンテナンス：◎、デザインの幅：△

②ダイナミックサービング

　PC とスマホのアクセスを判別して、異なるページデザイン表示
に動的に切り替える。PC/ スマホ共に URL は同一。

　Google 推奨：○、メンテナンス：△、デザインの幅：◎

③セパレートタイプ

　PC 用ページ / スマホ用ページの2つのページに切り分けて、そ
れぞれのページを用意する。PC/ スマホの URL は異なる。

　Google 推奨：△、メンテナンス：△、デザインの幅：◎

　それぞれに特徴がありますが、メンテナンス性などを考慮してこ
れからサイト制作を始める方は「レスポンシブウェブデザイン」が
おすすめです。

　レスポンシブウェブデザインは PC とスマホの画面サイズによっ
て表示が切り替わりますが、コンテンツやサイトの仕組み自体は同
一のため、「コンテンツの更新」の際は共通の1箇所を変更するだ
けで PC とスマホの両方に反映されます。

　また、3つの方式の中でモバイルフレンドリーとして、Google
が推奨しているのは「レスポンシブウェブデザイン」です。

第7章

ユーザー目線で
売上アップを実現
「訴求効果改善の秘訣」

1　稼げるサイトは「ユーザー目線」こそ最大の武器

■売り手視点は失敗する

　商品を売るときはユーザーが「なぜ購入してくれるのか」を考えること、ユーザー視点に立つことが重要です。

　商品の売り手はどうしても「売って利益を上げること」を中心に考えてしまいがちですが、商品を購入すると決めるのは当然「買い手」です。

　ユーザー自身が悩み・課題を解決するために「なぜ商品を買ってくれるのか」を意識して販促活動をしなければ、ユーザーの「購入」という意思を射止めることは不可能です。

　ユーザー視点でどのような戦略で運営すべきかを検討する際に「ペルソナ」「カスタマージャーニーマップ」の 2 つのユーザー分析フレームワークが役立ちます。

■ペルソナとは

　商品を購入してくれそうな架空の人物設定。行動や価値観、ライフスタイルなどを詳細に書き出すことで、自社商品を購入する人物像を設定します（図表 210）。

■カスタマージャーニーマップとは

　設定したペルソナが商品を購入するまでの行動を表したマップ。ターゲットの悩みや課題が見えるため、段階ごとに訴求すべき事象を洗い出せます（図表 211）。

【図表 210　ペルソナ】

ペルソナ

プロファイル

名前：坂上 健二　　性別：男性　　年齢：38歳
役職：制作部 課長　年収：820万円　家族：妻と子の3人家族
居住地：千葉県浦安市　学歴：青山学院大学卒
趣味：映画鑑賞　休日の過ごし方：家族サービス

略歴	●千葉県浦安市生まれ ●青山学院大学卒業後、水上印刷株式会社入社 ●制作部に属し、紙面広告のみならずウェブ広告の企画・戦略を任されている ●社内教育や外部研修調整を担当	スキル	●JAGAT認証 DTPエキスパート 製版印刷の基礎知識や印刷工程の知識を学んで業務に活かすため、入社後に取得 ●JMLA公認 上級マーケティング解析士 紙面広告からウェブを活用したクロスメディアにシフトしつつある業界傾向に対応するため、課長職に就任後に取得
性格	●真面目でマメ ●心配性 ●教育熱心 ●社員教育を任され、責任感が強い ●費用相応のメリットを求める堅実家	現状の不満	●ウェブ広告へシフトしている業界傾向を考えると、Googleアナリティクスなどを活用したウェブデータから分析ができるようになりたい ●部下にもウェブマーケティングを学んでもらい、部署全体を通してスキルの底上げを図りたい

【図表 211　カスタマージャーニーマップ】

カスタマージャーニーマップ

　ユーザーが「なぜその商品を欲しいと思っているのか」「なぜ自社のサイトで商品を購入してくれるのか」、このユーザーニーズを把握することができれば、ユーザーに向けて伝えるべき訴求内容も明確になります。

　つまり、課題を抱えているユーザーを「ゴールへと導く＝商品を購入してもらう」ことが可能になります。

　ユーザーニーズを把握することは稼げるサイトを運営していくためには必要不可欠です。そこを考えずに売り手目線だけで運営していると必ず失敗します。

　「売りたい」「買って欲しい」ばかりを考えず、あくまでもユーザー視点に立ち、ユーザーにとって必要な商品であること、悩みを解決することができる商品であることを伝えていくスタンスを忘れないようにしましょう。

2　そこに成功イメージはありますか？
　　疑似体験による「ベネフィット訴求」

■商品を買ってもらうタイミングは手にしたイメージが湧いたとき

　「商品を購入したい」と思うときはどのようなときでしょうか？その商品・サービスを手にしたときに「どうなれるのか」という「成功イメージが沸いたとき」に商品を購入することが一般的です。

　第2章でセールスレターのコンテンツ順番について、「あなたはこんな悩みがありませんか？」という問題提起により、ユーザーの課題を認識させ、「その悩みを解決するこんな商品があります」という流れを紹介しました。

これは、商品を手に入れることで自分自身がどうなるのか、と成功イメージを与える魔法の言葉です。

■テレビ通販が売れる理由はシナリオにある

テレビ通販は放送直後に飛ぶように商品が売れると言われます。その理由は「問題提起」⇒「課題を解決する商品の紹介」⇒「そしてどのようになれるのか」この一連の流れを通して、成功イメージを視聴者に印象づけることができているからです。

テレビ通販の健康食品の CM では「この若さの秘訣は○○商品を飲んでいるから」はまさに典型的な成功イメージの象徴です。その商品を手に入れることにより、「若さを保てる」「健康的な生活を送れる」など、「具体的に商品を手にした後の成功イメージ」を表現しています。

テレビだから売れるのではなく、売れるセオリーに則った売り方をしているから売れているのです。

もちろん「1日1錠だけで OK」「味も美味しい」のような商品メリットを伝えることも、商品購入の決定要因に影響を及ぼすことは間違いありません。

しかし、商品のメリットだけを伝えたとしても、「その商品を手にしたことによってどうなるのか」をイメージすることができなければ、ユーザーが商品を購入することはないでしょう。

その商品を使うことによって得られる「成功体験」をイメージさせるためにも、「商品利用者の体験談」や「専門家の声」によりユーザーに訴求するシナリオを忘れずに設計してください。

■どうなれるのか？　その表現が商品説明にありますか？

あらためてご自分の商品紹介ページを見直してみましょう。商品

を手にすることで「どうなれるのか」を伝えていますか？

　商品メリットだけの紹介ではなく、その先の「成功体験イメージ」、ユーザーが商品を購入する決め手を与えることでコンバージョン率アップが実現し、稼げるサイトへと生まれ変わっていくでしょう。

3　新規ばかりではない！リピーターの重要性

■新規客よりもリピーターのほうが重要な理由

　「売上の多くはリピーターが生み出している」という事実があります。

　「パレートの法則」「2：8の法則」とも呼ばれますが、全体売上の8割は、2割の優良顧客が上げているという理論です。この2割がリピーターに値します。

　つまり、全顧客分類に均等にサービスを提供するよりも、2割の優良リピーターにサービスを一極集中させることで、効率的に売上を最大化できるということです。

■新規はハイコスト、リピーターはローコスト

　新規を獲得するためには広告の配信、SEOといった新規顧客流入数を増加させる施策が必要です。

　広告であれば当然予算が発生し、毎月新規を獲得するのであれば継続的に広告料が発生します。

　例えば、

・広告のクリック単価が100円

・コンバージョン率が 1%

・新規顧客目標数が 100 人

の場合、（100 人 ÷ 1%）× 100 円 = 100 万円 / 月

の広告費が必要です。

　さらに、獲得した新規がどれほどリピーターへと変化するのか、見込みの検討は困難です。

　また、SEO による流入数増加は即成果が見込める可能性は低く、3 ヶ月〜の中長期的な計画となります。

　一方、優良顧客であるリピーターはすでにあなたのサイトのファンであり、広告費をかけずとも再訪してくれます。

　さらに、ファンである優良顧客は口コミの投稿や体験談の投稿、SNS での拡散により、さらなる見込客を増やしてくれる可能性も兼ね揃えています。

■リピーターをリピートさせることが稼げるサイトの秘訣

　ウェブサイトを運用して収益を上げたい事業者の多くはひたすらに「新規獲得」を狙い続ける傾向にあります。

　もちろん新規獲得は重要なことです。しかし、「パレートの法則」「2:8 の法則」から考慮すると、新規獲得がいかに非効率であるかを理解できるでしょう。本当に狙うべきは新規よりもリピーターのさらなるリピートを促す施策、その結果から生まれる 8 割の利益だと言うことです。

　リピーターをさらにリピートさせる仕組みとして、

①会員専用ページの作成により、会員だけお得に利用できるサービスを提供

②会員ランクによる優待差別化により、さらなる待遇を求めて自発的に購入を繰り返したくなる仕組みを構築

などが効果的です。

　商品の売上の8割はリピーター、つまりリピーターは事業の存続を左右するためにも非常に重要な顧客分類になります。

　リピーターには特別待遇をしてでもリピートさせる価値が存在するため、徹底的なサービスを心がけましょう。

4　マイクロコンバージョンに目を向けずには「コストで終わる」

■商品販売数が少ない場合はアクセス解析自体が困難

　購入だけを最終ゴールに設定していると、商品の購入に至る顧客数が少ない場合があります。特に高額商品を扱っている場合は、その傾向が顕著になります。

　例えば、自動車を専門に扱っているウェブショップの場合、販売数あたりの利益は大きいですが、販売数自体は多くはないでしょう。

　第3章のアクセス解析で説明のとおり、商品販売数＝コンバージョン数、コンバージョン率は、サイトの改善ポイントを見つけ出す上で非常に重要な指標です。

　しかし、この指標は商品販売数がある一定数なければ、改善ポイントを探るための正確な数値とはなりません。

　ある一定数のコンバージョンがあることで、どのランディングページが販売に貢献しているのか、どの集客経路が原因として改善すべきなのかを判断することができるようになります。

　数がなければ、途中経過のユーザー行動も効率化することができません。

■最終ゴールにこだわらない、顧客行動をコンバージョンに設定

このような場合はマイクロコンバージョン、つまり最終ゴールの前に取る行動をコンバージョンとして計測します。「数」を取り、ページ改善ポイントを見つけて、サイトの効率化を図ります。

例えばメルマガ登録者数をコンバージョンとして計測することで、興味を持っている見込客リストを抽出する、資料請求によりさらに見込みの高い顧客リストを抽出する、などが考えられます。

■「数」を取得して改善ポイントを発見する

マイクロコンバージョンは売上が発生する最終ゴールではないものの、コンバージョンの敷居を低くすることで数を計測することができます。本来見つけにくかった改善ポイントの発見に貢献します。

購入前のユーザー途中経過行動として観測することは、仮に最終ゴールのコンバージョン数が少なかったとしても実施した施策が「よかったのか、悪かったのか」の判断基準とすることができます。

直接的、目先の売上だけにこだわらず、将来的な見込客にも目を向けましょう。多くのマイクロコンバージョン獲得の意識1つで、稼ぐホームページをつくることができるようになります。

5　開店して終わりではない、継続更新が必要な理由

■ユーザーが信用するのは「直近情報」

サイトは一度公開して終わりではありません。ほったらかしで利益を生み出すこともありません。

サイトやブログは公開するより「更新すること」が重要です。

例えば、有益な情報があった場合、その日付が5年前になっていたとしたらあなたはその記事の信憑性をどう感じますか？

おそらく、「もうこの記事は古いから役に立たないだろう」「今は変わっているだろう」と判断することが多いのではないでしょうか。

また、実店舗販売も兼ねているショップのウェブサイトの最終更新日が5年前であれば、「今は営業しているのだろうか？」と考えるでしょう。

結果的にユーザーは同種の情報を再検索して競合サイトへたどり着くこととなり、ユーザーを取りこぼす結果となります。

ユーザー視点に立ったときに「更新の日付」はサイトの信憑性を判断する重要な要素になります。定期的な更新による旬な情報だからこそ、ユーザーはそこに価値を求めるわけです。

信用が生まれるからこそ、商品の購入や申し込みにつながる結果になるのです。

■ユーザーだけではなく「クローラー」も最新を求める

SEO施策でキーとなる検索エンジンのクローラーも同様です。

SEOも最新の情報を更新しているサイトを上位に表示するアルゴリズムが組まれており、更新頻度の高いウェブサイトほどクローラーの巡回頻度が高まり、検索結果に反映されやすい傾向にあります。

「ユーザーが今使える有益な情報」を検索結果として返すことを目的としており、古い記事ではなく最新の記事にこそユーザーには価値がある、とGoogleも重要視しているためです。

■クローラーは何度でもやってきて、何度でも反映する

検索エンジンのクローラーはウェブサイト訪問時に更新を確認すれば、検索結果へのアップデートを行います。

書籍や新聞とは異なり、何度でも更新をかけてコンテンツを充実させることができる、ユーザーニーズに合わせて SEO を施せる点は、インターネット特有のメリットと言えるでしょう。

　過去に投稿した記事をいま一度見直してみましょう。少し記事をアップデートすることで価値あるコンテンツに生まれ変わる可能性も十分にあります。

■定期的なアップデートがサイトの成長を左右する

　ユーザーの心理面においても集客面においても、最新の情報を提供することに意味があります。

　サイトは公開して終わり、ほったらかしで稼げる、というものではありません。

　定期的にコンテンツの見直しやアップデートといったメンテナンスを行い、「最新の情報をユーザーに届ける」ということを忘れないようにしましょう。

【図表 212　最新情報の重要性】

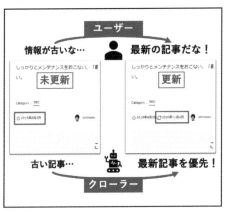

6　クローラーと人を呼び込むための「更新最速通知法」

■コンテンツをつくったらクローラーを呼び込むことを忘れずに

　コンテンツを新たにつくったときや更新したとき、その情報をクローラーに速やかに伝えるクセをつけるようにしましょう。

　更新した記事は検索エンジンのクローラーにサイトを訪問してもらい、情報をアップデートしてもらわない限りは、検索結果に反映されることはありません。

　クローラーはネットワーク上を巡回しているロボットであり、主にリンクを辿りながらあらゆるサイトを巡り、その都度サイト情報を収集して Google のデータセンターに持ち帰り、保管しています。

　多くの被リンクを獲得している「規模の大きなサイト」は比較的頻繁にクローラーが訪問してきますが、つくり立てのサイトや小規模サイトはクローラーが巡回して来る頻度が少なくなります。

　待っていればいずれは訪問してくれるクローラーでも、速やかに呼び込んでコンテンツの情報をインデックス、検索結果に表示させることがとても重要です。

■クローラーの訪問が遅れたらどうなる？

　作成したコンテンツ自体はページ上に反映されているため、自分で確認することができます。しかし、インデックス登録されるまでは Google はコンテンツの存在を知らないことになります。

　作成したコンテンツを他者にコピーや盗作されてしまい、コピーした他社のコンテンツが先にインデックス登録されてしまった場合

は、後に自分の記事にクローラーが回ってきた際に「これはコピーコンテンツだ」と判断されてしまいます。

コピーコンテンツ扱いされると SEO で不利な扱いを受け、サイト全体の検索順位にも影響を受ける可能性が非常に高まります。

つまり、作成したコンテンツは速やかに Google のクローラーに情報を伝えなければ、様々なリスクが発生してしまうということです。

ここでは、更新した記事を最速で検索結果に反映するためにクローラーを呼び込む 2 つの方法を紹介します。

■クローラーを呼び込む方法①「プラグイン」

WordPress でサイトを運用している場合は「PuSHPress プラグイン」をインストールすることで、クローラーを瞬時に呼び込むことができます。

① WordPress 管理画面の左メニュー「プラグイン」⇒「新規追加」をクリックします。

【図表 213　プラグインの追加】

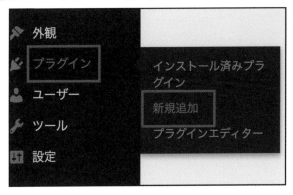

②検索窓に「PuSHPress」と入力するとプラグインが表示されます。
PuSHPress プラグインの「今すぐインストールボタン」を押します (図表 214)。

【図表 214　PuSHPress をインストール】

③インストール完了後「有効化」ボタンを押せば完了です (図表 215)。

【図表 215　「有効化」ボタンをクリック】

以上で作業は完了です。

PuSHPress は特に設定は不要のため、インストールして有効化するだけでクローラーを呼び込むことができるようになります。

■クローラーを呼び込む方法② Google Search Console

Google Search Console の管理画面よりクローラーを呼び込むことができます。

① Google Search Console にログイン

　https://www.google.com/webmasters/tools/

②左メニュー「URL 検査」をクリックします（図表216）。

【図表216　「URL 検査」をクリック】

③上部検索窓に更新を通知したい URL を入力します。

【図表217　対象の URL を入力】

④「ページを変更しましたか？」の横「インデックス登録をリクエスト」をクリック（図表 218）。

【図表 218　「インデックス登録をリクエスト」をクリック】

⑤リクエスト後インデックスに登録可能かを検証するダイアログが表示されます（図表 219）。

【図表 219　インデックス可否の確認】

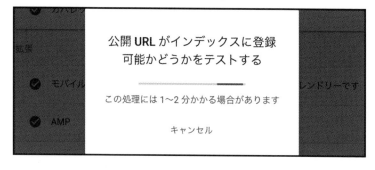

⑥「インデックス登録をリクエスト済み」になれば作業完了です（図表 220）。
　注意点として、インデックスは必ずしも登録されるとは限りません。
　また、Google Search Console のインデックス登録は時間がかかることもあります。大抵の場合は数分でインデックス登録が行われるのですが、長い時は数時間や数日かかる場合もあります。

これは時間が解決しますので、同一ページを何度も「インデックス登録」を行いすぎないようにしましょう。

【図表 220 「リクエスト済み」になれば完了】

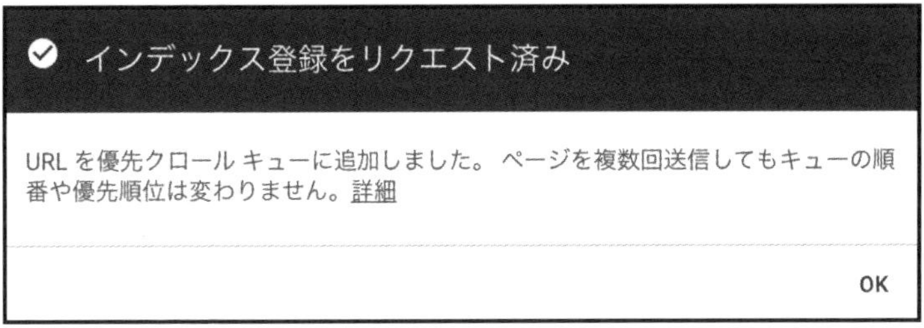

> ✔ インデックス登録をリクエスト済み
>
> URL を優先クロール キューに追加しました。 ページを複数回送信してもキューの順番や優先順位は変わりません。詳細
>
> OK

7 「3秒」が意味する稼げるサイトと　稼げないサイトの差

■ファーストビューの3秒間

「ファーストビュー」とは、サイトを開いたときの最初の画面のことです。つまり、ランディングページの最初に見える部分のことになります。

人間はこのファーストビューのわずか3秒で、その先を「読みたい」か「読みたくない」かを判断します。

ファーストビューでそのページを離れてしまうユーザーの割合(直帰率)はセールスページで70%以上、コーポレートサイトで40〜60%と言われています。

つまり、最初の「インパクト」次第でユーザーはその先に読み進

めたいかどうか変わってくるため、このファーストビューをどうするのかを慎重に検討する必要があります。

■画像効果で3秒の壁を突破

　ファーストビューの3分の1以上を画像が占めるページ(特にセールスページに多い傾向)の場合、画像の選定により3秒を突破できる可能性が高まります。

　人間の目に留まりやすい画像は「人物」です。無機質なモノよりも「人物」や「動物」はインパクトが高く、目に留めて読み進める傾向が高まります。

【画像のインパクト順位】

　風景写真 < モノ < 人物

　第2章で説明の「その先も読み進めたい」と思う「キャッチコピー」と合わせて、ヘッダー画像を一工夫することでまずは3秒の壁を突破させることを心がけましょう。

■ユーザーにストレスを与える3秒の壁

　サイトの表示速度はユーザーのストレスにも大きな影響を与えます。下記はGoogleの公式発表による、表示速度と直帰の関係性です(図表221)。

● 表示速度が1秒⇒3秒となると、直帰率は32%UP
● 表示速度が1秒⇒5秒となると、直帰率は90%UP
● 表示速度が1秒⇒6秒となると、直帰率は106%UP
● 表示速度が1秒⇒7秒となると、直帰率は113%UP
● 表示速度が1秒⇒10秒となると、直帰率は123%UP

　また、モバイルページの読み込み速度が3秒以上かかると、53%の訪問者がそのサイトを離脱するということがわかっています。

[出典：Think with Google 2017]

【図表 221　表示速度と直帰の関係性】

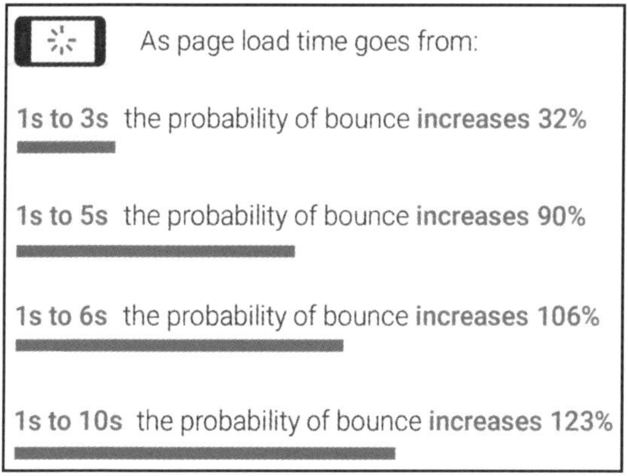

As page load time goes from:

1s to 3s the probability of bounce **increases 32%**

1s to 5s the probability of bounce **increases 90%**

1s to 6s the probability of bounce **increases 106%**

1s to 10s the probability of bounce **increases 123%**

■わずか3秒、されど3秒

　人間はたった3秒間でその先の閲覧を判断します。ここで取り逃してしまうと、当然コンバージョンは発生しません。

　ファーストビューも表示速度も3秒が重要だということを忘れずに、ユーザーを引きつけるサイト制作を行いましょう。

8　最新情報キャッチアップ法①
「Google アラート」

■各種ツールにはタイムラグがある

　集客や SEO のためにはコンテンツ制作が欠かせません。旬なネタであればあるほど多くの流入が見込めます。

　第6章でも Google トレンドやキーワードプランナーを使って

ユーザーニーズを汲み取る方法を紹介しましたが、それらのツールに情報が集まって公開されるまでにはどうしてもタイムロスが発生します。

　まだ多くの方が知らない情報を提供することができれば、検索からの流入のみならず、「このサイトを見ておけば最新情報が手に入る」とサイトの信用度向上にもつながります。

　ファンが増えてリピーター数が上昇する、よい結果を生みます。

　しかし、旬な最新情報を集めるためには、様々なニュース記事やブログに目を通さなければ手に入りません。情報探しでネットサーフィンをし続けるのはかなりの時間と労力を用します。

　効率的に知りたい情報だけを収集してコンテンツ制作に役立てることはできないか？　そんなときに役立つ自動的に最新情報をキャッチアップする方法を紹介します。

■ Google アラートと Inoreader による情報キャッチアップ

　Google アラートとは、特定のキーワードを登録しておくと、そのキーワードに関連したコンテンツがウェブ上に公開されたタイミングで通知を送ってくれるという、Google が提供している無料ツールです。

　Google アラートは通知方法を「メールアドレス」「RSS」の 2 種類の方法から選択できます。今回は「Inoreader（イノリーダー）」という RSS フィードを組み合わせて情報収集を行う方法について紹介します。

① Google アラートにログインします（図表 222）。

　https://www.google.co.jp/alerts

②検索ボックスに通知を受け取りたいキーワードを入力します。

　その後、「オプションを表示」をクリックしましょう。

【図表 222　Google アラート】

③各種詳細設定を行います。お好みの配信頻度や件数を設定しましょ
　う。このときに「配信先」を「RSS フィード」に変更して「アラー
　トを作成」ボタンを押します（図表 223）。

【図表 223　「RSS フィード」を選択】

④作成後、RSS フィードマークをクリックします（図表 224）。
⑤ RSS フィードのページが表示されたら、このページの URL
　（https://www.google.co.jp/alerts/feeds/ ～）をコピーして控え
　ておきましょう（図表 225）。

【図表 224　「RSS フィールド」をクリック】

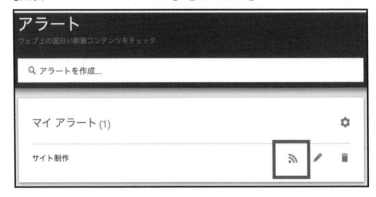

【図表 225　RSS フィールドの URL を控える】

⑥「Inoreader」にログインします。はじめて利用する方はフリーのアカウント作成を行いましょう（図表 226）。

⑦左メニュー「購読アイテム」の横にある「＋マーク」を押すと表示される「RSS フィールドマーク」をクリックします（図表 227）。

⑧上部の検索ボックスに、先ほど Google アラートで控えておいた URL を貼りつけます（図表 228）。

【図表 226　Inoreader】

【図表 227　「フィードを追加」をクリック】

【図表 228　控えた RSS フィード URL を入力】

⑨作成した Google アラート名が表示されていることを確認しましょう。間違いなければ「購読」ボタンで作業は完了です（図表 229）。

【図表 229　「購読」ボタンをクリック】

⑩設定したキーワードの RSS フィードが購読アイテムに追加されています。更新情報があれば、ここから閲覧できます（図表 230）。

【図表 230　RSS の確認】

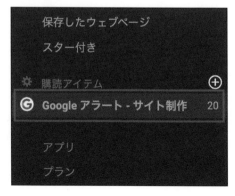

以上で情報収集を完全自動化することができるようになります。なお、「Inoreader」はスマートフォンアプリを無料で利用することも可能なため、外出先でも瞬時に情報を収集したい場合は、ぜひアプリをインストールして通知機能を ON で利用しましょう。

情報の取りこぼしを減らすことができるでしょう。

9　最新情報キャッチアップ法②　「IFTTT と Twitter 連携」

■記事化されていない唯一無二のコンテンツを作るには

ニュース記事やブログの情報はコンテンツを作成してから公開されるため、若干のタイムラグが生じてしまい、公開された記事を参考にコンテンツをつくる際は既に情報が出回っていることも少なくはありません。

公開された情報は整理して記事化されているため、参考資料としての完成度は高く、コンテンツ作成に大いに役立つことは間違いありません。しかし、まだ誰も書いてないコンテンツを最優先して記事にする場合は、タイムラグの影響もあり少し不利です。

そんなときに役立つのが SNS を使った最新情報キャッチアップです。特に Twitter は頻繁に情報発信が行われており、まだ世に出回っていないオリジナルコンテンツのネタ収集には絶好の場所です。

テレビやニュースで速報が発信される前に Twitter 上で投稿されていることも多いほど、Twitter はリアルタイムに最新情報が飛び交っています。ここでキャッチアップした情報をもとに自分でコンテンツを組み立ててウェブ上に発信することで、唯一無二のオリジ

ナルコンテンツが完成します。

　しかし、Twitter の投稿は膨大に流れており、取得したいキーワードを見つけるために Twitter に常時張りついておくわけにもいきません。

　そこで、第5章で取り上げた「IFTTT」を「Google スプレッドシート」と連携させて、取得したいキーワードが Twitter で投稿された際に自動的に投稿を取得してくる、最新情報収集の完全自動化を実現する方法を解説します。

■ IFTTT と Google スプレッドシートによる最新情報キャッチアップ
①「IFTTT」にログインします。https://ifttt.com/
②上部メニューの「Create」からレシピの作成を行います（図表231）。

【図表231　「Create」をクリック】

③「If This」に Twitter を指定します（図表232）。
　※検索をするとスムーズに表示されます。

【図表232　「Twitter」をクリック】

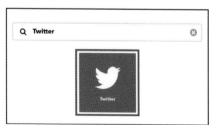

④「New tweet from search」をクリック選択します（図表233）。
　これは「キーワードに関するツイートがあったときに」という条件になります。

【図表 233　「New tweet from search」を選択】

⑤キーワードの設定画面に遷移します。「Search for」に取得したいキーワードを入力します（図表234）。複数キーワードを取得したい場合は「OR」で取得が可能になります。
　キーワードを入力し終えたら「Create trigger」ボタンを押しましょう。

【図表 234　取得キーワードの入力】

⑥次は「Then That」の設定に移ります（図表235）。

　これは指定したキーワードのツイートが投稿された際のアクション先を指定します。

【図表235　「Then That」をクリック】

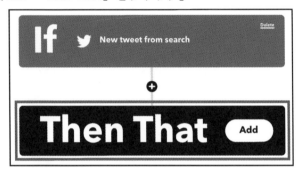

⑦ここでは Google Sheets を選択していきます（図表236）。

【図表236　「Google Sheets」を選択】

⑧「Add row to spreadsheet」をクリック選択します（図表237）。
これは「シートの下部に1行ずつ追加する」という条件になります。

【図表237 「Add row to spreadsheet」を選択】

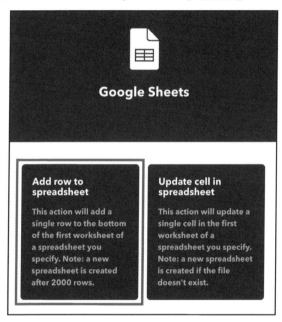

⑨ Google スプレッドシートの設定を行います（図表238）。

1 Spreadsheet name…シートの名前です。自由に決めてください。

2 Formatted row…取得してくる情報です。

　　CreatedAT…ツイートされた日付

　　UserName…ツイートユーザー名

　　Text…ツイート本文

　　LinkToTweet…ツイート自体の URL

FirstLinkUrl…ツイートに含まれている最初のリンク

　　　　　　※ここは収集したい情報に合わせて追加 / 削除
　　　　　　してください。

3 Drive folder path…Google ドライブのフォルダーの場所（パス）
　　　　　　を記入する箇所ですが、ここは「空白」に
　　　　　　しておきましょう。自動的に IFTTT のフォ
　　　　　　ルダーがつくられます。

　　　　　　※デフォルトでは「IFTTT/Twitter」と記入
　　　　　　されています。このフォルダーが Google
　　　　　　ドライブになければ動作しません。そのた
　　　　　　め空白にしておくことをオススメします。

【図表 238　出力先の Google スプレッドシートの設定】

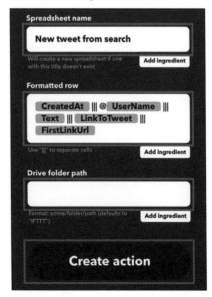

⑩設定が終わればレシピ画面に戻るため、「Continue」ボタンを押しましょう（図表239）。

【図表239 「Continue」をクリック】

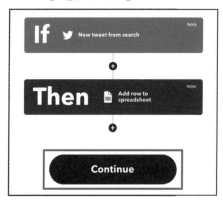

⑪次のページに遷移したら「Finish」ボタンを押せばすべての作業は完了です（図表240）。

【図表240 「Finish」をクリック】

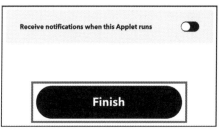

⑫正常に連携が完了していれば、Googleドライブ内に「IFTTT」のフォルダーが自動的につくられ、指定したシート名で追加されています。

【図表 241　自動取得された Google スプレッドシートの画面】

⑬「取得してくる情報」で設定した項目が自動的に収集されます。

【図表 242　収集データの画面】

ツイート日	ユーザー名	ツイート本文	ツイート自体のURL	含まれている最初のリンク
November 15, 2		デジタル時代のマーケティング戦略に影響を及ぼす3つの力 https://t.co/HeiCHKTQKW	http://twitter.com/hdigima	https://t.co/HeiCHKTQKW
		@mainichinebuso9 毎日嬉不足さん初めまして！ 損切りせずに良かったですね✨		
November 15, 2		ちなみに私は副業のWEBマーケティングで元手作って投資等で資産形成していこうと思ってい	http://twitter.com/tasuke3	http://ifttt.com/missing_link?1605416
November 15, 2		RT @ayumu_endo: 誰も経視できない時代がそこまできている。いや、もう到来している。手	http://twitter.com/ayumu_	http://ifttt.com/missing_link?1605416
November 15, 2		@joradig @AnalyticsNinja @fedorovicius When you preview a GTM container, the GA4 hits an	http://twitter.com/SimoAh	http://ifttt.com/missing_link?1605416
		@Yuuki58497225 Yuukiさん初めまして！ 実ণするなら行動ですね✨		
November 15, 2		ちなみに私は副業のWEBマーケティングで不労所得機集中なんですが、Yuukiさんは投資をさ	http://twitter.com/tasuke3	http://ifttt.com/missing_link?1605416
		Googleアナリティクス個人認定資格(GAIQ)について https://t.co/aoFbqmwAtI		

　以上が Twitter から取得したいキーワードの投稿を完全自動収集する方法です。

　すべて無料で行うことができ、膨大なツイートの中から知りたい情報のみをピックアップして収集できます。

　最新情報の自動収集としてぜひお役立てください。

おわりに

つくってほったらかしでは稼ぐサイトはできません。アクセス解析を通して改善活動を繰り返すことによって、本当に利益を生み出すサイトへと変化していきます。

最終的に商品を購入すると決めるのはユーザー自身です。現実世界でもインターネットの世界でも、結局はユーザーの観察なしでは、決して商品が売れることはないということです。

アクセス解析はユーザー1人ひとりの行動履歴の積み重ねです。表れている数値データは、ユーザーの感情そのものになります。そこからユーザーが何を求めているのかを導き出し、改善することに本当の価値があります。

サイトはつくった後が本番です。ユーザーの解析をして、流入の解析をして、コンテンツの解析をする。それらがうまく噛み合ったとき、あなたのサイトは稼げるサイトへと成長しているはずです。

SEOもユーザーに寄り添ったコンテンツが有効です。つまり、現代はすべてにおいて「ユーザーのためのコンテンツ」こそ稼げるサイトの絶対条件だということです。

大事なことはユーザー感情を汲み取り、サイトの改善活動を繰り返すこと。そのためにまずは目的をしっかり持ち、サイトのどこを改善すべきかを洗い出しましょう。

本書を通して稼ぐサイトのつくり方と考え方、そしてアクセス解析がもたらす可能性について理解していただき、これからのサイト運用に少しでもお役に立てたのであれば幸いです。

2021年1月

石本 憲貴

著者略歴

石本　憲貴（いしもと　のりたか）

株式会社トモシビ　代表取締役
WACA 認定ウェブ解析士マスター /AJSA 認定 SEO コンサルタント
1987 年生まれ。関西大学法学部法律学科卒業。
大学在学中、アフィリエイト・ドロップシッピング・コンテンツ販売
をはじめとしたインターネットを活用したビジネスで大きな成果を上
げたことがキッカケとなり、独学で WEB サイト制作 / プログラミング /
WEB マーケティングを学ぶ。
大学卒業後、「知識ゼロ、資金ゼロ」をモットーに、有料ツールを使わずとも無料で成果
を上げることに徹底的にこだわった「WEB コンサルティング会社」を設立。
大手夕刊紙・週刊誌への掲載実績など多数。本格的な WEB マーケティング・コンサルティ
ング業に従事するため、2020 年に「株式会社トモシビ」を設立。
『「勝てる WEB 戦略」をモットーにしたコンサルティング業』をはじめ、現在は WEB マー
ケティング、Google Analytics の活用法を教える企業研修・セミナーなどの『講師活動』
を年間 200 回以上実施。

株式会社トモシビ　https://tomo-shibi.co.jp/

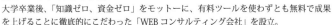

ウェブ解析スペシャリストが教える！
稼ぐサイトをつくる「7つの秘訣」

2021 年 2 月 2 日発行

著　者	石本　憲貴 ©Noritaka Ishimoto
発行人	森　　忠順
発行所	株式会社 セルバ出版
	〒 113-0034
	東京都文京区湯島 1 丁目 12 番 6 号 高関ビル 5 B
	☎ 03（5812）1178　FAX 03（5812）1188
	https://seluba.co.jp/
発　売	株式会社 三省堂書店／創英社
	〒 101-0051
	東京都千代田区神田神保町 1 丁目 1 番地
	☎ 03（3291）2295　FAX 03（3292）7687

| 印刷・製本　株式会社　丸井工文社 |

Printed in JAPAN
ISBN978-4-86367-632-9